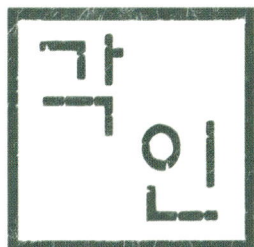

각 인

초판 1쇄 인쇄　2009년 2월 1일
초판 1쇄 발행　2009년 2월 5일

지은이 l 박재항
펴낸이 l 김태봉
펴낸곳 l 한솜미디어
등　록 l 제5-213호

편　집 l 김주영, 김미란, 박창서
마케팅 l 김영길, 김명준
홍　보 l 장승윤

주소 l (우143-200) 서울시 광진구 구의동 243-22
전화 l (02)454-0492
팩스 l (02)454-0493
이메일　hansom@hansom.co.kr
홈페이지　www.hansom.co.kr

값 9,000원
ISBN 978-89-5959-185-5 (03810)

＊잘못 만들어진 책은 구입하신 서점에서 친절하게 바꿔드립니다.

살면서 한번쯤 마음에 새겨야 할 감정

각인

박재항 지음

한솜미디어

| 머리글 |

    살면서 이런저런 감정들이 머릿속을 혼란하게 만듭니다. 머릿속에 지우개라도 있었으면 하는 생각이 들 정도로 지우고 싶은 것들이 많이 있습니다.
    삶에 대한 염증을 느낄 때도 있고 어떻게 하면 삶을 보다 알차게 살 수 있을까? 하는 궁금함도 생깁니다. 또한 한번은 짚고 넘어가야 할 궁금한 점도 많이 있습니다.
    살면서 늘 감정의 변화에 대해 생각해 오다 감정에 대한 필자의 생각들을 정리해 보았습니다. 나름대로 감정을 혼란하게 하는 단어들은 국어사전을 통해서 정리했습니다. 어차피 감정이라는 것이 지식에 의존해서 풀 수 있는 문제가 아니기에 마음속에 물어 보고 답을 구한 것입니다.
    부족하지만 필자의 짧은 지식을 통해서 자신을 뛰어넘을 수 있는 사람들이 많이 생기기를 바라는 마음으로, 감정의 밑바탕이 되었으면 하는 생각으로 조심스럽게 이 글을 적어 보았습니다.
    무엇을 읽더라도 하나를 얻었으면 합니다.
    "그래 맞아."
    "이건 아닌 것 같아. 내 생각에는 이런 것 같아."

이런 생각이 들었으면 그래도 하나는 얻은 것입니다.

이 글을 보고 혼란스러운 감정을 나름대로 정리하는데 일조했으면 하는 생각도 해봅니다.

이 책은 완벽하게 정리가 다 되지는 않았습니다. 세상을 살아가면서 정리를 해야지 한꺼번에 완벽하게 정리하려면 아마 죽을 때까지도 못할 것입니다.

지금 정리를 안 하면 또 미적미적 미루다가 평생 못할 것 같아서 어렵게 용기를 내었습니다.

살면서 생각조차 안 해 본 부분이 있다면 지금 이 순간, 이 글을 곱씹으면서 삶을 정리하는 시간을 가져 보았으면 합니다. 펜을 들고 적다 보면 공허했던 빈 가슴이 채워지리라 생각됩니다.

용기 주신 전도근 교수님, 도움 주신 한솜미디어 출판사 여러분께 감사드립니다.

박재항

|목 차|

머리말 _ 4

1장. 행복과 불행을 결정하는 요소

- 소외 _ 13
- 행복과 불행 _ 17
- 울보 할머니 _ 20
- 긍정과 부정 _ 24
- 웃음 _ 27
- 인연과 우연 _ 30
- 양심 _ 32
- 인내 _ 34
- 배려 _ 35
- 고집 _ 38
- 세 명의 친구 _ 39
- 인생 _ 41
- 목표 _ 42
- 영혼 _ 44
- 저주 _ 46
- 업 _ 50
- 용서 _ 55

2장. 모르면 손해 보는 감정

- 친절 _ 59
- 위대 _ 60
- 습관 _ 63
- 봉사와 희생 _ 67
- 진실과 거짓 _ 69
- 자만 _ 73
- 세상에서 제일 똑똑한 노인 _ 76
- 질투 _ 79
- 의지와 고집 _ 82
- 지식 _ 83
- 장점과 단점 _ 84
- 새옹지마 _ 87
- 자연 _ 89
- 기대 _ 91
- 쾌락 _ 93

3장. 피할 수 없으면 즐겨라, 만족=불만

- 거울 _ 97
- 만족과 불만족 _ 100
- 후회 _ 103
- 책임 _ 106
- 반복 _ 108
- 노동 _ 110
- 의미 _ 112
- 존재 _ 115
- 부부 _ 118
- 세상 _ 121
- 의식 _ 123
- 독립 _ 124
- 열정 _ 127
- 재미 _ 129
- 위로 _ 132
- 분노 _ 135

4장. 피할 수 없는 만남과 이별

- 본능 _ 143
- 매력 _ 145
- 배신 _ 148
- 고생 _ 151
- 경험 _ 154
- 입장 _ 155
- 충고 _ 158
- 남자가 여자보다 빨리 죽는 이유? _ 161
- 효도 _ 164
- 미움 _ 166
- 반성 _ 169
- 따뜻함 _ 171
- 허무 _ 174
- 운명 _ 177
- 만남 _ 181
- 과거 _ 183

5장. 알면 득이 되는 감정

- 실패 _ 187
- 비교 _ 189
- 절대 _ 191
- 자랑 _ 194
- 욕 _ 197
- 첫인상 _ 198
- 성격 _ 200
- 고통 _ 202
- 슬픔 _ 204
- 인정 _ 206
- 젊음 _ 210
- 기회 _ 212
- 행운 _ 213
- 벗어남 _ 214
- 여유 _ 217
- 돈 _ 218
- 안 돼 _ 220
- 겸손 _ 223

1장

행복과 불행을 결정하는 열쇠

각인

소외

왜 싫어할까?

싫어하는 짓을 하는 것은 아닐까?

싫어하는 행동이나 말을 하지 않았을까?

집에서 잘난 척하는 것을 방치했다거나 "오냐오냐" 해서 버릇없이 키운 자식이 눈치 없이 학교생활이나 사회생활을 하도록 해서 왕따를 당하도록 방치한 것은 아닐까?

아니면 집에서 너무 눈치를 주어 주눅이 들게 만들어서 사회에서도 기를 못 펴게 만들지는 않았는지 한 번쯤 생각해 본다.

집에서도 사랑을 받지 못하는데 밖에서라고 사랑받을 성 싶은가? 그것은 절대 그렇지 않다. 밖에서도 기를 못 펴고, 주위 사람들로부터 사랑을 받을 수도 없다.

■ 소외[疏外]
어떤 무리에서 싫어하여 따돌리거나 멀리함. 왕따.

> 당신은 누군가를 소외시키고 있나요? 그렇다면 왜 소외를 시키나요?

집에서 자신의 의견을 당당하게 말할 수 없도록 말을 할 때마다 다그치면, 밖에서도 할 말을 못하고 자신의 의견을 말할 수 없어서 따돌림의 표적이 될 수도 있다.

자식을 왕따당하도록 만들어 놓고도 남의 탓만 하는 것은 아닐까? 부모의 잘못은 전혀 없는 것일까? 그리고 왕따가 발생했을 때 진작에 가족 간의 대화가 있었으면 문제가 그렇게 커지지 않는다.

왕따가 된 자식들은 부모님께 말도 못하고 결국은 온몸이 상처투성이가 되어서야 부모는 알게 된다. 그때는 이미 부모와는 대화 창구가 단절되었다고 봐야 한다. 상처 입은 영혼을 이제야 달랜다고 상황이 크게 달라지지는 않는다.

> 혹시 당신은 누군가로부터 소외당하고 있나요? 왜 사람들이 당신을 소외시키나요?

물론 이유 없이 왕따를 당했다면 그 괴롭힌 학생들은 죽어서 좋은 곳으로 가지 못한다. 분명히 사회에서 하는 일이 제대로 안 풀린다.

죽어서까지 갈 것 없다. 피해자가 고발하는 그 순간 가해자로 힘든 나날을 살게 된다.

학교 다닐 때 학생들 위에 군림했다고 좋아하지 말자. 그 학생들은 안 봐도 뻔하지 않은가? 일진회에서 건달로, 이미 운명이 확정되지 않았나?

― 각인 ―

얼굴이 예쁘다고 좋아하지 말자.

얼굴이 예쁜 학생은 자신이 원하든 원하지 않든 일진회 학생들에게 걸린다. 학창 시절에는 잘생기고 힘 센 남자를 얻어 세상을 다 가진 것 같아 좋았지만 이미 그들의 앞날은 정해져 있다.

공부를 못하면 얼굴로 먹고살아야 한다.

얼굴이 예쁘면 공부를 안 해도 된다는 오만한 생각에, 그때 자신의 외모를 좋게 보아 준 사람들 때문에 일찍 결혼한다거나(남자들이 계속 대시하며 내버려 두지 않는다), 아니면 얼굴로 먹고사는 연예인이 되면 다행스럽지만 그렇지 못하면 화류계로 빠지기 쉽다.

일찍 잘된 사람은 뒤늦게 끝이 안 좋을 수도 있고, 시작이 안 좋았던 사람은 끝이 좋게 풀릴 수도 있으니까 인생의 무게는 똑같다.

얼굴이 못생긴 사람은 남자들이 좀처럼 건드리지 않으니까 그것이 못내 섭섭하지만 지나고 난 뒤 생각해 보아라. 남자들로 인한 풍파가 없으니, 내 노력만큼 얻을 수 있으니까 여간 다행스럽지 않은가?

혼자 사는 남자는 많아도 혼자 사는 여자는 거의

소외당하는 원인을 알고 있나요? 세 가지를 적어 보세요.

소외당하는 사람에게서 무엇을 배우나요? 세 가지를 찾아서 그렇게 하지 않겠다고 가슴에 새기세요.

― 살면서 한번쯤 마음에 새겨야 할 감정 ―

소외당하는 사람에게 손을 내민 적은 있나요? 왜 그렇게 하지 못했나요?

없다. 남자가 마음먹고 달려들면 여자로 태어나서 내 뜻대로 살고 싶어도 살 수 없는 것이 여자들이다.
   그러나 얼굴이 좀 못생겼다면 남자들로부터 안전할 수 있으니 얼마나 다행스러운가? 지금 당장이 외롭다고 원망하겠지만 그 외로움에 감사할 날이 머지 않아 올 것이다.

● ● ●

사람들에게 매너가 있는 편인가요? 당신이 갖추어야 할 매너는 어떤 것이 있나요?

소외된 영혼들을 핍박하지 마십시오.
가뜩이나 불쌍한 사람들인데 그들을 업신여긴다면 나도 그들과 같은 별 볼일 없는 사람이 됩니다.

각인

행복과 불행

행복과 불행은 종이 한 장 차이이다.
지금 이 순간, 행복하다고 느낄 때 그때부터가 행복으로 가는 첫걸음이다.

죽음의 문턱까지 가 본 사람은 지금 이 순간 숨을 쉬는 것만으로도 행복하다고 느낀다. 한 번도 아프지 않는 사람들은 그런 행복을 절대로 못 느낀다.
하늘은 공평하다.
지금 아픈 사람은 전보다 덜 아파서 행복하다고 생각하는데 멀쩡한 사람은 조금만 아파도 나는 불행하다고 생각하니까 말이다.
인생의 무게는 똑같은 것이다.
현대사회에서는 남과 비교해서 불행해지는 사람이 대부분이다.

■ 행복[幸福]
지금 주어진 생활에서 스스로 충분한 만족과 기쁨을 느끼는 흐뭇한 상태.

살면서 한번쯤 마음에 새겨야 할 감정

■ 불행[不幸]
스스로 행복하지 않다고 느끼는 감정.

못 먹어서, 굶어서 오는 불행이 아니라 없어서 오는 불행도 아니다.

"옆집에 사는 누구는 가지고 있는데, 나는 왜?"

이러한 생각이 모든 불행의 씨앗이 아닌가? 남과 비교해서 불행을 스스로 자초하는 경우가 허다하다면 누구의 잘못인가?

불행을 겪어 본 자만이 행복을 오랫동안 간직할 수 있다. 그렇게 행복을 오랫동안 간직하는 사람들을 보면, 불행했던 날과 비교하면서 "그때와 비교하면 지금은 행복하다"라고 스스로 만족해 한다.

가장 불행했던 기억을 간직하는 사람은 불행했던 그때와 비교하면, 지금은 무엇을 해도 그때보다 훨씬 행복할 것이다.

하루에 불행과 행복 중에 어느 쪽으로 감정의 비중을 더 많이 두나요? 그 이유는 무엇인가요?

우리는 행복했던 때와 비교해서 불행하다고 생각한다. 일생에 최고로 행복했던 날은 단 한번밖에 없고, 일생에 최고로 불행했던 날도 단 한번밖에 없다.

일생에 최고로 행복했던 날을 기억하고 그 순간과 비교하면 당신은 늘 불행한 사람이다. 그러나 일생에서 최고로 불행했던 날과 비교하는 순간 당신은 세상에서 가장 행복한 사람이 되는 것이다.

어떤 사람은 죽고 싶은 마음이 들 때 중환자실에

간다고 한다. 그러면 죽고 싶은 마음이 싹 사라진다고 한다.

"살고 싶어도 못 사는 사람이 있는데 살아 있는 내가 왜 죽고 싶어서 안달하는가?" 하고 죽고 싶은 생각이 확 바뀐다고 한다.

각인

행복하기 위해서 해야 할 것들이 있다면 무엇인가요?

살면서 한번쯤 마음에 새겨야 할 감정

울보 할머니

당신은 매사에 부정적인가요? 그 이유는 무엇인가요?

    다음의 일화는 생각에 따라서 세상을 보는 눈이 달라진다는 짧은 이야기이다. 필자가 평소에도 늘 마음에 새기는 이야기이다.
    세상을 바꿀 수 없으면 세상을 보는 눈을 바꿔 보자!

    365일 날마다 우는 할머니가 있었다. 해가 떠도 울고 달이 떠도 울고, 비가 와도 울고 비가 그쳐도 울고, 마치 울기 위해서 태어난 할머니 같았다.
    어떤 나그네가 이 마을을 지나가다가 통곡소리가 쩌렁쩌렁 울려서 지나가는 마을 주민에게 물었다.
    "여기 초상집이 있소?"
    "아니요. 신경 쓰지 마시오. 저 할머니는 365일 우는 할머니라오."
    그는 더 신경이 쓰였고, 그 이유가 알고 싶어졌다.

각인

"왜 우는데요?"

"이유는 모르지만 항상 저렇게 서럽게 운답니다."

"내가 할머니에게 찾아가서 자초지종을 들어봐야겠소."

그는 마당에서 땅을 치면서 '펑펑' 우는 할머니를 발견하고 다가갔다.

"여보시오, 할머니! 왜 우시는 거요?"

그러자 할머니는 하소연이라도 할 사람이 생겨서 반가웠는지 사연을 늘어놓기 시작했다.

"젊은 양반, 내 이야기를 들어보면 당신도 저절로 눈물이 날게요. 내게 딸 둘이 있는데 하나는 소금장수한테, 하나는 우산장수한테 시집을 갔다오. 그런데 비가 오면 소금장수한테 시집간 딸이 돈을 못 버니 얼마나 서럽겠소. 그리고 해가 뜨면 우산 파는 딸네 집이 장사가 안 되니 그것만 생각을 하면 내가 가슴이 미어져서 눈물이 펑펑 쏟아집니다 그려, 흑흑!"

듣고 보니 그럴 듯했다. 나그네는 한참을 생각하더니 할머니 귀에 대고 뭐라고 쏙닥거렸다.

할머니는 갑자기 입이 귀에 걸린 것처럼 웃었다.

"아하하하하하!"

그 뒤부터 울보 할머니는 웃음보 할머니로 이름

지금 당신의 마음은 울고 있나요, 웃고 있나요?

무언가 잘못되면 '또 나야?' 하고 생각하는 편인가요?

> 긍정과 부정 중에 어느 쪽으로 당신 마음이 기울었나요?

이 바뀌었다.

그것을 보고 동네 사람들이 지나가면서 물었다.

"할머니, 웬일로 웃으십니까? 좋은 일이 있나 봅니다. 울다가 웃으면 어떻게 되는지 아시죠?"

"그럼, 좋은 일이 있고 말고! 내 이야기 좀 들어봐. 나는 정말 기분이 좋아 미치겠어. 내 딸들이 하나는 우산장수한테, 하나는 소금장수한테 시집간 것을 다들 알고 있지."

"네, 그래서 항상 우울해서 우셨잖아요."

"그런데 내가 생각을 한참 잘못했지 뭐야. 잘 봐. 비가 오면 우산장수 딸네 우산이 날개 돋친 듯이 팔리니까 얼마나 좋아! 생각만 해도 웃음이 절로 나오지. 그리고 해가 뜨면 소금장수 딸네 소금이 날개 돋친 듯이 팔리니까 얼마나 장사가 잘 되겠어! 그러니까 저절로 웃음이 나오지. 아하하하하하!"

> 세상이 우울한가요? 이유는 무엇인가요?

● ● ●

상황은 똑같습니다.

비가 오나 해가 뜨나 바뀌는 것은 아무것도 없었습니다. 그러나 할머니가 상황을 바라보는 생각이 바뀌니까 세상이 달라 보였던 것입니다.

각인

하나의 사물을 두고 부정적으로 보는 사람이 있는가 하면 긍정적으로 보는 사람이 있습니다. 당신은 어떤 사람입니까?
하늘이 두 쪽 나도 달라지는 것은 없습니다. 그러나 생각을 바꾸면 세상은 달라 보입니다.

선글라스를 끼고 보는 세상은 어떤가요?

― 살면서 한번쯤 마음에 새겨야 할 감정 ―

긍정과 부정

■ 긍정[肯定]
생각하여 옳다고 인정함.
좋게 평가하고 본받을 만한 사실.

다음은 한 번쯤 들어 봤음직한 이야기이다. 그러나 아는 것으로는 부족하다. 마음속에 새겨 보자는 의미에서 다시 한 번 적어 본다.

신라 때 원효라는 중이 있었다.

그가 당나라에 유학을 가던 도중 날이 저물어 숲 속에서 잠을 자게 되었다. 자다 깨어 보니 몹시 갈증이 나 주위를 살피다가 바가지 속에 괴어 있는 물을 마셨다. 물맛이 참으로 시원하고 달았다. 마음속의 갈증까지 없애 주는 시원함이었다.

이튿날 깨어 보니 그 물은 바로 해골바가지 속에 괴어 있는 물이었다.

"아니, 내가 해골 속에 괴인 물을 먹고서 간밤에 그렇게 시원하게 생각했다니…."

'해골 속에 괴어 있는 물'이라고 의식되는 순간 그는 갑자기 구역질이 나면서 쓴물까지 다 토해 버렸다. 계속해서 토하다가 그는 무릎을 탁 쳤다.

'아하! 바로 이것이로구나. 모든 것은 마음먹는 대로 되어진다.'

깨달음의 순간이었다.

그는 유학 가려던 발길을 돌려 이 땅에서 자신의 깨달음을 널리 폈다.

일체(一切)는 유심조(唯心造)요,
만법(萬法)은 유식(唯識)이로다.

마음에 생기게 하면 모든 것이 생기고, 마음에서 그것을 없애면 모든 것이 없어진다. 모든 일은 마음이 만들고 마음에 따라 생긴다.

간밤에 원효대사의 마음속 갈증까지 없애주었던 그렇게 달콤하고 시원하게 마셨던 물이, 아침에 눈을 뜨고 보니 해골바가지에 괴인 물임을 알고 구토한 것도 마음먹기에 따라서 달라지는 것이다.

어제의 마음과 오늘의 마음이 또 달랐던 것이다. 아무리 계속 토해 봐도 어제 마신 물은 이미 다 소화되고 피로 흡수되고 없다. 그러니 토하면서 자신

■ 부정[否定]
올바르지 아니하거나 옳지 못함.
인정하지 않는 것.

당신은 매사에 투덜대나요? 그 이유는 무엇인가요?

살면서 한번쯤 마음에 새겨야 할 감정

긍정적인 생각이 부족하다고 생각을 하나요? 긍정적이기 위해서 필요한 것은 무엇인가요?

은 다 토했다고 스스로 마음에서 만족을 하는 것일 뿐, 토한 그 물은 어제 마신 해골바가지의 물이 아닌 것이다.

• • •

세상에는 긍정을 선택하는 사람과 부정을 선택하는 사람이 있습니다.

무엇을 선택하든지 그것은 본인의 마음입니다. 하지만 부정을 선택한 사람은 마음이 편안하지 않고 늘 상대를 욕하기에 급급하며, 상대의 부정적인 면을 하나라도 끄집어내어서 기어이 바닥으로 끌어내리려고 서슴없이 욕을 합니다.

부정적인 사람은 화도 잘 내고 비판을 많이 해서 듣는 사람을 짜증나게 만듭니다. 욕을 듣는 상대방도 기분이 안 좋아집니다.

긍정적인 사람으로 태어나고 싶나요? 그러면 무엇부터 버려야 하나요?

부정적인 사람은 일단 남을 인정하지 않는 협소한 마음을 가지고 있습니다. 그래서 남을 부정하는 것입니다.

남을 부정하면 세상에서 내가 제일 잘난 사람처럼 보이지만 아무리 부정해도 세상은 변하지 않습니다. 시간이 흐른 후에 사람들은 부정적인 나를 부정하게 될 것입니다.

각인

웃음
― 운명을 바꾸는 열쇠

배용준, 비, 이승기.
이들의 공통점은 무엇일까?
아시아의 미소, 아줌마들을 녹이는 미소, 누나들을 녹이는 미소….
공통점은 미소!

좋은 운은 입꼬리로 해서 뺨을 타고 올라가 이마, 코 중앙으로 다시 내려오는데 입꼬리가 처진 사람은 운이 처진 입꼬리 밑으로 새버려 주변에 사람들이 오지 않는다.
사람의 복은 한정되어 있다. 그러나 웃으면 복이 온다. 타고난 내 복은 이미 한정되어 있지만 친구 잘 만나서 강남 가는 사람도 있고 친구 잘 만나서 잘 풀리는 사람도 있다.
친구 잘못 만나서 안 풀리는 사람도 있지만….

■웃음
웃는 소리나 표정.

■웃다
기쁘거나 만족스럽거나 우스울 때 입꼬리를 살짝 올리면서 얼굴을 활짝 펴거나 소리를 내는 것.

살면서 한번쯤 마음에 새겨야 할 감정

■ 웃음
운명을 바꾸는 열쇠.

지금의 상황에서 벗어날 수 있는 것은 바로 미소이자 웃음이다.

은행원이든, 스튜어디스든, 음식점이든, 장사하는 모든 곳이나 서비스를 하는 모든 곳이라면 다 미소를 짓는다.

왜?

미소는 사람을 끌어당기는 힘이 있으니까!

하루에 몇 번 웃나요?

입꼬리는 낚싯바늘과 같아서 입꼬리가 올라간 사람에게 호감을 가지게 되어 낚시처럼 낚이게 된다.

입꼬리가 올라가면 알게 모르게 주변에 사람들이 모이게 된다. 그것은 어쩔 수 없는 법칙이다. 꽃이 있으면 벌, 나비가 모여들 듯이….

미소는 바로 인간이 만들 수 있는 꽃이다. 웃음꽃!

미소를 짓고 있는 사람에게는 남자든 여자든 말을 걸기가 쉽다. 말을 걸어야 무슨 일이든 진행할 것이 아닌가?

결혼 대상에서 남자들이 가장 많이 찾는 여자는 편안한 사람, 웃고 있는 사람이다. 남자들이 예쁜 여자를 좋아하기는 하지만 결국 같이 살 사람은 편안하고 잘 웃는 사람이다.

자신의 미소가 마음에 드나요? 거울을 보고 연습을 하나요?

"조각 같은 외모? 누구를 평생 받들고 살 일 있습

각인

니까?"라고 말하는 사람도 있다.

    미국에서 아이큐 높고 잘생긴 남자들은 과연 어떤 여자들과 살고 있을까? 하고 오랜 기간을 두고 추적 조사를 했는데 그들은 모두 평범한 여자들과 결혼했다고 한다.
    남자들이 신중하게 생각해서 미모보다는 잘 웃고 편안한 사람을 골랐나 보다.
    연애는 예쁜 사람하고 할는지 몰라도 결혼은 교제와 달라서 편안한 사람과 결혼을 한다.
    연애 따로, 결혼 따로….

당신의 입꼬리는 올라갔나요?

사람들을 만날 때 미소로 맞이하나요?

살면서 한번쯤 마음에 새겨야 할 감정

인연과 우연

■ 인연[因緣]
사람들 사이에 맺어지는 관계.

인연을 만드는 것은 웃음이다.

남자들은 잘 웃어 주는 여자에게 관심이 간다. 자신이 접근해도 되는가 보다 착각을 하면서 말을 걸기 시작한다.

남자들은 자신을 인정해 주는 사람을 위해서 충성하고, 여자는 자신을 사랑해 주는 사람을 위해서 화장을 한다.

■ 우연[偶然]
아무런 인과관계가 없이 뜻하지 아니하게 일어난 일.

우연은 없다.

우연이라고 생각하지만 가만히 보면 우연인 것을 깨닫는 것도 나 자신이다. 다른 사람은 우연이라고 생각조차도 하지 않는다. 그것을 우연이라고 생각하는 것은 세상에 단 한 사람, 나밖에 없다.

오랫동안 그렇게 되었으면 하고 마음속으로 갈망

각인

하고 또 염원했는데 실제로 현실에서 그렇게 펼쳐지고 있다. 마음속으로 얼마나 많이 갈망했던 것이 지금 내 눈앞에서 우연처럼 일어나는 것인가?

우연이 사실로 눈앞에서 펼쳐지니 설마설마하고 믿을 수 없을 뿐이다. 그런데 그 우연을 잡을 수 있는 것은 바로 당신뿐이다.

우연히 기회가 찾아왔지만 그 우연을 잡을 수 있는 것은 당신의 노력이고 실력이다. 그 우연을 잡기 위해 평소 조금씩 준비를 하지 않았던가?

마음속에 조금의 갈망도 없었다면 그것은 당신에게 우연도 아무것도 아니다.

> 인연을 믿나요? 인연을 만났나요?

> 당신의 주변에 우연히 좋은 일이 생기고 있나요?

양심

■ 영혼
육체에 깃들어 마음의 작용을 맡고 생명을 부여한다고 여겨지는 비물질적 실체.

■ 마음
사람이 생각할 수 있도록 하는 정신적인 힘.
사람이 사람임을 스스로 알게 하는 정신.

■ 양심[良心]
자신의 행위에 대하여 옳고 그름, 선과 악의 판단을 내리는 도덕적 의식.
스스로 괴로워하는 마음.
봉사하고 스스로 기뻐하는 마음.

다음은 양심의 고통에 대한 짧은 이야기이다.

20년 전 자신의 친형을 죽이고 아무도 모르게 뒤뜰에 파묻은 사람이 있었다. 그의 가족들조차 까맣게 몰랐고 행방불명된 줄로만 알고 있었다. 결국 아무도 모르는 완전범죄였지만 그는 양심의 가책을 못 이겨 마침내 자수하고 말았다.

형을 죽이고 자신의 몸은 편안했을는지 몰라도 마음속에서는 내내 뭔가 꺼림칙한 것이 있었다. 살아도 산 것이 아니었다.

경찰들이 형을 묻은 자리를 확인하면서 동생의 집을 방문했지만 그곳은 사람 사는 집이 아니었다. 집안에는 술병들이 가득했고 정상적인 사람이 사는 집이 아니었다.

각인

"하루도 편안하게 잠든 적이 없었습니다. 형을 땅속에 묻은 것이 아니라 내 가슴속에 20년간 묻었고, 그 양심의 가책을 받으면서 이렇게 살았습니다. 이제야 편하게 잘 수 있을 것 같습니다."

● ● ●

육체가 살기 위해서는 욕심이 꼭 필요하지만 욕심을 너무 따르면 그것은 짐승이나 다를 바 없기에 하늘에서 욕심을 컨트롤할 수 있는 양심을 주셨습니다. 양심을 통해서 적절히 수양할 수 있도록….
그래서 인간은 수행(양심과 욕심의 싸움)을 통해서 깨달아야 합니다.

괴로움과 고통 때문에 사람답게 살도록 함.

■ 욕심[欲心/慾心]
분수에 넘치게 무엇을 탐내거나 누리고자 하는 마음.

■ 육체(욕심이 생기게 하는 원인)
살기 위한 욕망, 본능, 섹스, 식욕, 수면, 호흡.

■ 자수[自首]
범인이 스스로 수사기관에 자신의 범죄 사실을 인정하고 신고하여 그 처분을 구하는 일.

인내

■ 인내[忍耐]
괴로움이나 어려움을 참고 견디어 냄.

■ 결심[決心]
마음을 먹음. 마음에서 결정(決定)함.

참고 견디면 마침내 얻게 된다. 바꾸어 말하면, 못 얻었으면 참고 견디지 못한 것이다.

인내라는 것은 사람을 비참한 상황에까지 몰고 간다. 어떤 때는 죽고 싶은 고비도 몇 번이나 넘게 만드는 것이기에 힘든 것이다.

그래서 얻었다는 사람보다 못 얻은 사람이 더 많이 있다.

● ● ●

성공이라는 단어를 쓸 수 있는 사람은 끝까지 참고 견딘 사람입니다. 쉽게 얻어졌으면 인내라는 말을 쓸 필요도 없습니다.

배려

"여자들은 큰 것 한 방이면 그냥 무너져."

남자들은 착각하고 있다. 평소에 잘못하다가 여자에게 큰 것을 한 방 터뜨리는 것이 좋은 것인 줄 알고 살아간다.

하지만 여자들은 작은 배려에 무너진다.

다음은 '배려는 이런 것이다' 하는 것을 일깨워 주는 짧은 이야기이다.

한인타운에서 있었던 일이다.

한국 사람들은 이민생활에서 오는 외로움 때문에 대부분 교회를 다니는데, 20년간 과일가게를 경영해 오던 아주머니는 교회를 다니지 않았다. 그래서 그 아주머니를 데려오기 위해서 100일 기도를 하고 야

■ 배려[配慮]
상대방을 도와주거나 보살펴 주려는 마음 씀씀이.

■ 믿음
사실이나 사람을 믿는 마음.

당신의 배려심에 점수를 준다면 몇 점인가요?

당신이 상대방을 배려하는 행동들은 무엇이 있나요?

단법석이었다.

사람들은 "20년간이나 전도해도 오지 않던 아주머니인데 데려올 수 있겠습니까?" 했지만 목사는 그래도 신앙의 힘으로 밀어붙였다.

그런데 마지막 날, 모두의 눈을 의심했다. 20년간이나 그 어떤 전도에도 나오지 않던 아주머니가 교회에 와서 기도하고 있는 것이 아닌가?

다들 웅성거리고 난리가 났다. 저마다 자신의 기도 때문에 그녀가 왔다고 우겼다.

"내가 데려왔어, 내가."

"아니야, 내가 얼마나 기도했는데."

"내가 얼마나 많이 과일을 사 주었는데."

그래서 목사는 그들을 진정시키기 위해서 아주머니가 직접 나와서 사람들에게 이야기 하는 시간을 주었다.

아주머니는 한곳을 가리키면서,

"저를 데려오신 분은 저기 조용히 기도를 하는 저 분입니다."

그러자 과일을 100일 동안 사 준 사람은 몹시 많이 섭섭했는지,

"아주머니, 제가 그동안 사 준 과일이 얼마나 되는데 저 때문에 오신 것이 아니라니 조금 섭섭하네요."

각인

"감사합니다. 그래서 당신께는 최고로 좋은 과일을 주고 덤으로 얼마나 많이 챙겨 주었습니까? 그러니까 당신에게는 마음의 빚이 전혀 없습니다."

그녀는 조용히 기도하는 사람을 가리키면서,

"하지만 저 분은 항상 안 좋은 과일을 달라고 했습니다. 그래서 제가 좋은 과일을 가지고 가라고 권유하면, '아닙니다. 당신도 팔아야죠. 항상 좋은 과일을 팔면 나중에 남는 나쁜 과일은 어떡합니까? 당신도 먹고살아야죠'라고 했습니다.

그때 저는 결심했습니다.

'다른 분이 아니라 저런 분이 계시는 곳이라면, 저 분이 추천하는 곳이라면 틀림없을 것이다' 하고 두 말 않고 이곳으로 왔습니다."

> 상대방을 배려하지 않아서 곤란했던 습관은 고쳤나요?

● ● ●

소리 없는 배려가 상대방을 움직이는 것입니다. 끝인상이 좋은 사람들은 작은 배려를 할 줄 아는 사람들입니다. 그 마음 씀씀이 때문에 사람들의 가슴 속에 내내 여운으로 남는 것입니다.

> 배려하면 좋은 일이 온다는 것을 믿나요?

살면서 한번쯤 마음에 새겨야 할 감정

고집

■ 똥고집
버려야 할 집착. 주변 사람들을 피곤하게 만드는 집착.

■ 집착[執着]
어떤 특정한 것에 마음이 늘 쏠려 떨치지 못하고 매달리는 일.

　나라를 위해서 부리는 고집은 명분이 있어서 주변 사람들이 누가 봐도 인정하고, 정당성이 있기에 마음속으로 뿌듯하게 생각한다. 하지만 자기 개인의 이익을 위해서 억지로 고집을 피우는 사람은 주변 사람들이 피곤하니까 속으로 욕한다는 사실을 꼭 알아야 한다.
　"나한테 아무도 이야기 안 하던데."
　고집이 센 사람에게는 말해도 씨도 안 먹히기에 말문을 닫았을 뿐, 속으로는 자신의 욕심을 챙길 때마다 사람들이 끊임없이 욕을 한다. 그래서 더 불쌍한 사람이다.

세 명의 친구

다음은 '탈무드'에 나오는 이야기이다.

한 사내에게 세 명의 소중한 친구가 있었다.
첫 번째, 꼭 필요한 친구.
두 번째, 그래도 필요한 친구.
세 번째, 있으나 마나 한 친구.

어느 날 왕궁에서 사내에게 뜬금없이 출두하라는 명령이 내려졌다.
그는 혹시 '내 죄가 드러나서 죽는 것은 아닐까?' 하고 걱정이 되어서 친구들에게 같이 가자고 이야기했다.
"친구들, 나와 함께 왕궁으로 가 줄 수 있겠나?"
그러나 친구들도 행여 자신의 지은 죄가 드러날

■ 친구[親舊]
나이가 비슷하거나 가깝게 오래 사귄 사람.

당신은 몇 명의 친구가 있나요?

―― 살면서 한번쯤 마음에 새겨야 할 감정 ――

사랑보다 더 소중한
친구는 누가 있나요?

까 봐 같이 가기를 거부했다.

첫 번째 꼭 필요한 친구, "내가 왜 함께 가나?"

두 번째 필요한 친구, "왕궁 입구까지만 함께 갈 수 있어…."

세 번째 있으나 마나 한 친구, "그래! 내가 안 가면 누가 따라가겠나. 가고말고!"

1. 돈
2. 친구나 친지, 가족
3. 선행, 영혼

● ● ●

당신의 영혼에 얼마
나 투자하나요?

결국은 우리가 죽어서 가지고 갈 수 있는 것은 우리의 영혼뿐이니 살아 있을 때 남에게 베풀면서 살아야 합니다.

인생

엄마의 뱃속에서 나오자마자 펼쳐지는 것이 인생이다. 한번 사는 인생, 잘 살아 봐야 한다. 후회 없이 살아야 한다.

다시 가라 하면 나는 못 가네
마디마디 서러워서 나는 못 가네

이런 노래 구절이 있다. 그만큼 힘든 일이 많은 인생이라서 다시 보내 준다고 해도 가지 않으려고 한다.
젊음이 부럽지만 다시 똑같이 살다 오라고 하면 아무도 가지 않으려고 할 것이다.

■ 인생[人生]
사람이 세상을 살아가는 일.
사람이 태어나서 죽는 순간까지 살아 있는 기간.

당신 인생에 점수를 준다면 몇 점인가요?

―― 살면서 한번쯤 마음에 새겨야 할 감정 ――

목표

■목표[目標]
성공을 이루고자 하는 대상.

지금 떠오르는 당신 인생의 목표는 무엇인가요?

망망대해에서는 북극성을 좌표로 삼아 항해를 한다. 사람은 어디로 가야 할지 알아야만 살아갈 수 있는 희망이 있다. 희망이 없으면 죽을 수도 있다.

한 사내가 섬을 바로 앞에 두고 죽었다.
칠흑 같은 밤에 안개가 뒤덮여도 처음에는 살 수 있다고 생각했지만, 바로 옆에 섬을 두고도 안개에 가려 보이지 않으니 가도가도 희망이 보이지 않아서 좌절 속에서 죽고 말았다.
아무리 노를 저어도 앞으로 나가지는 않고 섬은 안개에 가려서 보이지 않으니 불과 200m 앞에 섬을 두고도 희망이 보이지 않아서 스스로 좌절 속에서 목숨을 버리고 말았다.
희망을 가지면 엔도르핀과 엔케팔린이라는 호르

몬이 분비되는데 이 호르몬은 몸을 아프게 하지 않고 기분을 좋게 해주는 물질이다.
 "그래, 할 수 있어!" 하는 그 마음 하나 가졌을 뿐인데 엔도르핀이 팍팍 나온다면 손해 볼 것이 없다.
 희망을 포기한다는 것은 정말 어리석은 일이다.

■ 희망[希望]
앞으로 잘될 수 있는 가능성을 가지거나 앞일에 대하여 어떤 기대를 가지고 바라는 마음.

영혼

■ 영혼[靈魂]
육체 안에 깃들어 마음의 작용을 맡고 생명을 부여한다고 여겨지는 정신적인 존재.

영혼과 귀신은 같다. 단지 하나는 높여서 부르는 말이고 하나는 낮추어서 부르는 말이다.

내 몸 안에 있는 것은 영혼이고 내 몸 밖에 있는 것은 귀신이다. 산 사람의 것이면 영혼이고 죽은 사람의 것이면 귀신이다.

우리들은 귀신에 대한 막연한 두려움을 가지고 있다.

내가 죽으면 귀신이다.

귀신은 원한을 품게 한 사람에게만 보이고 그 사람에게만 복수할 수 있다.

내 영혼은 고귀하고 남의 영혼은 왜 귀신으로 보는가? 남이 나의 영혼을 귀신으로 보면 좋겠는가?

육체의 껍질을 벗으면 다 귀신인데 뭘 그리 무서워하는가?

각인

귀신이 나에게 해코지를 하는 게 두려운가?

당신이 그 귀신에게 원한을 사지 않았으면 당신을 해코지할 수가 없다.

"영화에서는 그러던데…."

그러니까 영화인 것이다. 현실과 영화를 착각하지 말자!

공포영화와 실제는 다르다. 그렇게 무섭게 생긴 귀신도 없다. 요즈음 공포영화는 특수 분장 때문에 훨씬 무섭다.

■ 귀신[鬼神]
사람이 죽은 뒤에 남는다는 영혼.

— 살면서 한번쯤 마음에 새겨야 할 감정 —

저주

■ 저주[詛呪/咀呪]
남에게 재앙이나 불행이 일어나도록 마음속으로 원망하고 기도하여 빌고 갈망함.
나쁜 말을 퍼붓고 난 다음에 일어난 재앙이나 불행.

저주 때문에 안 좋은 일이 생기는가? 아니면 안 좋은 일이 생기고 나서 돌아보니 저주라고 생각하는 것인가?

이것이 문제이다.

내 양심에 꺼리는 문제가 있으면 "그래, 내가 남을 나쁘게 하고 잘 되기를 바란다면 그것은 나쁜 놈이다"라고 생각한다.

스스로의 양심에서도 못 받아들이는 행위를 했다면 "그래, 내가 남에게 안 좋은 일을 했으니까 그 사람이 내게 저주를 내리는 것이다"라고 생각한다.

그러나 어떤 사람이 "네가 그렇게 하고 잘 되는가 보자!" 그러면 그게 저주이다.

"두고 보자! 네가 그렇게 하고 네 자식이 어디 잘

각인

되는지 두고 보자!"

"그래, 두고 보자는 놈 하나도 안 무섭더라."

겉으로 말은 그렇게 맞받아쳤지만 내 양심이 찔리면서 '내가 왜 그랬을까?' 후회하게 된다. 그리고 무슨 일이 생기면 그때마다 '혹시 그 여편네가 퍼부은 말 때문인가?'라고 생각한다.

독한 사람은 계속 염원한다. 망할 때까지….

"어디 잘 되는지 두고 보자! 네 자식 앞가림이 잘 안 될 것이다."

그래서 상대방이 망하면 자신의 저주가 소원대로 되었다고 좋아하고 믿는다.

보통사람은 그냥 한 번 "에라, 나쁜 놈아! 어디 잘 되는지 두고 보자" 하고는 "내가 똥 밟았다고 생각을 하고 소금이나 뿌리자" 하고는 끝이다. 마음에 담아두지 않는다.

내 마음에 계속 미안함이나 괴로움이 남아 있다면, 마음속에 하나라도 찜찜함이 남아 있으면 사과를 해야 한다. 그래야 두 다리 뻗고 잘 수 있다. 그래야지 상대방의 저주하는 마음이 눈 녹듯이 사라진다.

사실은 내 양심에서 만들어 낸 저주가 대부분이다.

"그래, 얼마나 잘 사나 두고 보자" 하고 한 번 내뱉고 대부분 생각하지 않고 지낸다. 먹고살기도 바쁜데

내게 저주를 퍼붓는 사람이 있다면 그는 누구인가요?

내가 저주하는 사람이 있다면 그는 누구인가요?

> 용서는 한번도 생각하지 않았나요?

저주를 품을 시간도 없다.

무당도 아닌데 어느 누가 집에다 신당을 차려 놓고 빌면서 인형을 만들어 바늘로 콕콕 찌르는 사람이 있겠는가. 저주하려고 손가락 깨물어 피 보는 사람도 없다. 그 시간에 한 푼이라도 더 버는 게 이익이다.

그런 생각을 계속하면 상대방이 저주를 받기 전에 내가 먼저 울화병이 들어 죽겠다 싶어서 저주는 생각지도 않는다. 그런데 남에게 피해를 주고 양심이 뜨끔한 사람은 무슨 일만 생기면 '그 여편네가 퍼부은 저주 때문인가?' 하고 지레 걱정을 한다. 그러니까 죄는 짓지 말아야 한다. 남의 가슴에 못을 박으면 안 되는 것이다.

> 내가 안 되는 일이 저주 때문이라고 생각하나요?

하늘은 스스로 벌하도록 양심을 주었다. 그래서 더 무서운 것이다. 양심을 안 주었다면 고통도 없었을 것이다. 하늘에서 준 헌법이 우리의 영혼에는 있는 것이다.

하늘에서 알아서 벌을 주는 것이니까 죄는 지은 대로 받는 것이다.

각인

● ● ●

일본의 한 노인이 우리나라의 마라도에 말뚝을 박은 일이 마음에 걸려서 죽을 때 유언을 남겼다고 합니다.

"마라도 어느 부근에 보면 말뚝이 박혔을 것이다. 그것을 빼야지 내가 마음 편하게 죽을 수 있을 것 같다."

실제로 섬에는 말뚝이 박혀 있었습니다. 그러나 그 노인은 그 말뚝을 섬에 박은 것이 아니라 자신의 마음에 박고 평생을 그렇게 함께 살았던 것입니다.

자다가도 깨는 안 좋은 일이 있다면 용서해 볼 생각은 없나요?

업

■ 업[業]
몸과 입과 마음으로 짓는 선악의 소행으로 미래에 선악의 결과를 가져오는 원인이 된다고 봄.

말은 생각 없이 내뱉기 쉽고 행동은 생각으로 끝나기 쉽다.

말 많이 하는 사람 치고 끝이 좋은 사람이 없고 내뱉은 말을 다 지키지 못해서 항상 실없는 사람으로 낙인찍힌다.

자기 딴에는 한다고 하는데 행동은 한정되어 있고, 말은 이미 조선 팔도 사람들을 다 먹여 살린다고 장담했으니, 실없는 사람일 수밖에….

말은 하되 자랑은 하지 말라(사람들의 표적이 된다).
말은 하되 장담은 하지 말라(지키지 못할까 두렵다).
말은 하되 속단은 하지 말라(함부로 단정 짓지 마라).
말은 하되 약속은 하지 마라(할 수 있는 것만 하라).
말은 하되 험담은 하지 마라(다른 사람이 경계하는 사람이 된다).

각인

　다른 사람 험담을 하는 사람은 '사람만 없으면 욕을 하는데, 어디 가서 내 욕도 하는 것 아니야?' 하고 속으로 경계를 한다. 그리고 나중에 멱살을 잡게 되는 것은 항상 험담에서 비롯된다.

　이 이야기는 까마귀 날자 배 떨어진 다음에 일어나는 재미있는 이야기이다.

　오비이락 파사두(烏飛梨落 破巳頭)

　까마귀 날자 배가 떨어지고, 하필이면 그 아래에 있던 뱀의 머리가 깨져 죽었다.

　떨어진 배에 맞아 죽게 된 뱀은 이유야 어찌 되었거나 다음 생에 멧돼지로 태어났다. 그리고 배나무에 앉아 있던 까마귀는 죽어서 꿩이 되었다.

　어느 날 꿩이 양지쪽에 가만히 앉아 졸고 있었다. 그때 산비탈을 지나던 멧돼지의 발에 돌이 부딪히면서 "팅" 하고 튀게 된다. 그 돌은 날아가서 하필이면 꿩의 머리를 정통으로 맞혔고 꿩은 그 자리에서 죽고 만다.

　애초에 까마귀에 의해 죽음을 당했던 뱀이 멧돼지로 환생하여 까마귀가 죽어서 된 꿩을 죽이게 된 것이다.

■ 오비이락[烏飛梨落] 까마귀 날자 배 떨어진다는 뜻.
아무 관계도 없이 한 일이 하필이면 그때 또 다른 일이 겹쳐서 억울하게 의심을 받거나 난처한 위치에 서게 됨을 이르는 말. 누명까지 쓰게 되어 답답하고 억울하기까지 한 경우.

■ 윤회[輪廻]
수레바퀴가 끊임없이 구르는 것과 같이 삶이 돌고 도는 것.
전생→ 현생→ 후생.

꿩은 죽어서 사람으로 환생하여 사냥꾼이 되었다. 이 사냥꾼은 어느 날 산에서 우연히 멧돼지를 만나게 되었다. 사냥꾼이 그 멧돼지를 활로 겨냥해서 쏘려고 하자 이상한 낌새를 알아차렸는지 멧돼지는 마침 근처에 있던 암자로 숨어들었다.

그 암자에는 지혜의 눈이 열린 도인스님이 도를 닦으며 살고 있었다. 이 도인은 신통력으로 그 사냥꾼과 멧돼지 사이의 죽고 죽이는 전생의 원한 관계를 훤히 볼 수 있었다.

스님은 사냥꾼 앞에 홀연히 나타나서 활시위를 겨냥한 손을 잡으면서 "멧돼지를 죽이지 마시오. 당신과 멧돼지 사이에 얽히고설킨 실타래 같은 이야기를 해주리다"라고 하면서 과거로부터 이어져 온 서로의 원한 관계를 설명해 주었다.

■ 전생[前生]
이 세상에 태어나기 이전의 삶이자 생애.

사냥꾼은 그 자리에서 활과 화살을 꺾었다. 과거의 악연을 끊고 더 이상 살생의 업을 짓지 않겠다고 맹세했다. 마침내 까마귀와 뱀의 원한 관계가 해소되었다.

● ● ●

활을 부러뜨린다는 것은 이번 기회에 자신의 업을

각인

자신의 손으로 청산하겠다는 심사였습니다. 그리고는 그런 우연 같은 삶은 더 이상 반복되지 않았다고 합니다.

우리는 자신의 죄를 청산하기 위해서 이렇게 태어났다고 생각합니다. 그러나 그것은 절대 아닙니다. 그러면 짐승으로 태어나지 왜 하필이면 인간으로, 그것도 만물의 영장이라는 고귀한 인간으로 태어났을까요?

물론 살아가는 것이 쉽지 않기에 그런 말이 나옵니다. 사는 게 즐거운 사람은 많이 없습니다.

짐승들은 살기 힘들다고 생각하지 않습니다. 아니 못 합니다. 먹고사는 현재에만 충실하니까요.

고귀한 영혼을 가지고 태어났는데 부모를 잘못 만나서 불행한 삶을 사는 사람들이 많이 있습니다. 돈을 많이 물려주는 부모가 잘 만난 부모가 아니고, 사람들에게 손가락질 안 당하도록 교육하는 부모가 잘 만난 부모입니다.

물론 전생도 있겠지만 지금 이 순간 잘하면 후생에 좋은 곳으로 간다는 것은 모든 종교에서 다들 내세우고 있으니 지금 이 순간 남에게 베풀고 열심히 살아야 합니다. 돌고 돌아가는 윤회를 막는 것은 바로 지금 이 순간입니다.

당신은 전생을 만나요?

| 당신의 업이 있다면 청산하기 위해서 해야 할 일들은 무엇인가요? | 윤회를 벗어나는 방법은 베푸는 것입니다. 봉사하는 것입니다.
봉사를 받은 사람이 진정으로 "감사해요" 하는 마음을 품게 되면 그 마음으로 인해 당신의 업은 점점 소멸되어 당신의 사후를 더 좋게 만드는 보험에 들게 해주는 것입니다. |
| --- | --- |

각인

용서

마음속으로 참을 '인' 자를 3번 되뇌면 살인도 면한다고 했다.

내가 상대방을 용서하지 않는 이상 그 사람의 마음에는 항상 저주하는 그림자가 따라다닌다. 내가 저주를 하는 것이 아니라 피해를 준 사람이 스스로 무슨 일만 생기면 '그래, 내가 안 될 줄 알았어' 하고 양심에서 스스로 저주를 내린다.

그러니까 내가 그 사람을 용서하지 않아도 하늘은 양심을 주었기에 어쩔 수 없이 양심의 가책이라는 죄를 달게 받게 되어 있다. 지금 당장 몸은 아프지 않지만 마음이 먼저 자책하면서 아프고, 나중에는 마음의 병으로 인해서 몸이 서서히 병들어 고통 받게 되는 것이다.

물론 내가 마음으로 용서를 한다고 해도 그 사람

■ 용서[容恕]
지은 죄나 잘못한 일에 대하여 꾸짖거나 벌하지 아니하고 너그러운 마음으로 덮어 줌.

당신은 용서를 잘 하는 편인가요?

살면서 한번쯤 마음에 새겨야 할 감정

■ 이해[理解]
사리를 분별하여 해석함. 깨달아 앎.

이 용서를 구하러 오지 않는 이상 그 사람은 스스로가 자신을 용서할 수 없어서 괴로워할 것이다.

●●●

혹시 복수의 칼날을 갈면서 마음이 고통스럽지 않았습니까? 분노로 인한 화병으로 소화도 안 되고 내 몸이 점점 망가지는 것을 느끼고, 그 생각을 할 때마다 몸에서 살기가 발동하는 것이 느껴지지는 않았습니까?
이제는 잠시 그 노여움을 접어 두세요. 진심으로 상대방을 용서해 주세요.

상대방의 입장에서 이해하는 편인가요?

그러나 그 사람이 당신에게 용서를 빌러 오지 않는 이상 절대 그 사람은 그 잘못을 스스로 용서할 수 없기에 그것으로도 양심의 가책이라는 대가를 달게 받게 될 겁니다. 그러니 당신은 용서하세요.
당신은 용서했지만 가해자의 양심은 아직도 스스로를 용서하지 않았습니다. 복수하겠다는 순간부터 당신은 악마와 손을 잡아야 하고 건강을 잃게 됩니다.

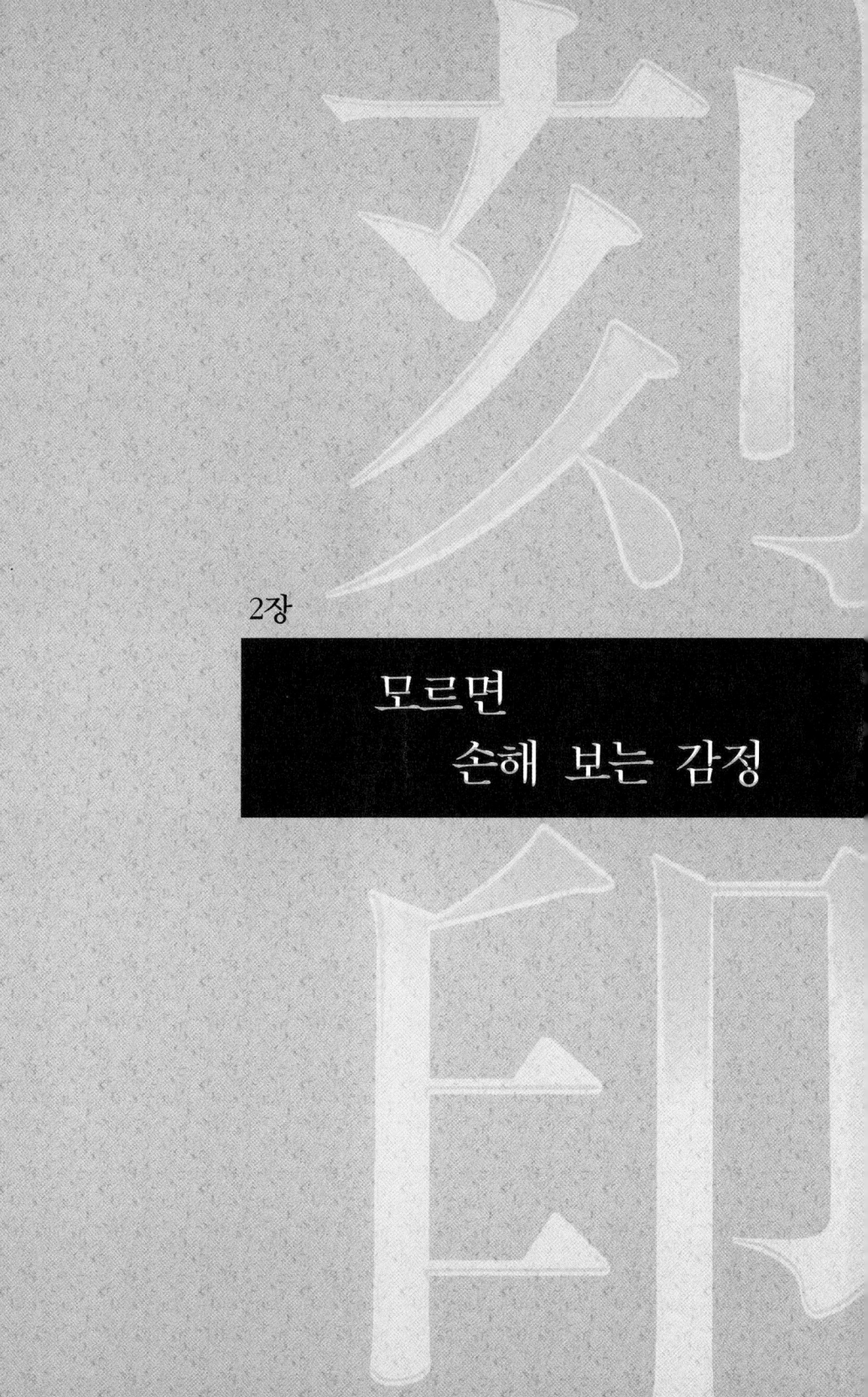

2장

모르면
　　손해 보는 감정

각인

친절

내가 친절하면 세상이 다 내게 친절할 것이다. 투덜거리면 세상이 모두 나에게 불친절할 것이다.

환한 미소를 지어라. 그러면 세상이 다 환하게 나를 맞이할 것이다.

우울하게 세상을 보지 마라. 당신의 눈물방울에 비친 세상은 온통 울퉁불퉁 비관적으로 보일 테니 말이다.

감사한 마음으로 물 한 잔이라도 먹어 보아라. 그러면 감사히 먹어 주는 당신을 위해서 물은 보약이 되어서 당신을 위해서 기꺼이 희생한다.

세상의 모든 짐을 나의 어깨에 다 짊어지고 있다고 착각하면 당신은 지구의 모든 고민거리를 어깨에 다 짊어지게 되는 것이다.

■친절[親切]
상대방을 대하는 마음 씀씀이가 매우 정겹고 고분고분한 태도.

당신의 친절을 점수로 매긴다면 몇 점이나 되나요?
1. 직장( )
2. 집 ( )

살면서 한번쯤 마음에 새겨야 할 감정

위대

■ 위대[偉大]
뛰어나고 훌륭함.

당신이 본받고 싶은
위대한 사람은 누구
인가요?

다음은 세상에서 가장 위대한 것이 무엇인가를 생각하게 하는 짧은 이야기이다.

한 소년이 세상에서 가장 위대한 사람을 찾아서 산 넘고 강을 건너서 물어물어 찾으러 다녔다.
"여보시오. 혹시 세상에서 가장 위대한 사람을 보시지 않으셨소?"
"그런 사람은 나도 찾지를 못했소."
그렇게 얼마나 세월이 흘렀는지 소년은 어느덧 청년이 되었다.
"휴~ 어디를 가야 세상에서 가장 위대한 사람을 찾을 수 있을까?"
어느 날 청년이 피곤해서 바위에 엎드려 깜빡 잠이 들었다. 눈을 비비고 보니 머리가 허연 노인이

각인

청년을 지그시 내려다보았다.

"혹시 당신이 제가 찾는 위대한 사람은 아니신지요?"

"네가 찾는 위대한 사람은 아니지만 위대한 사람이 어디 있는지 가르쳐 줄 수는 있다."

청년은 노인에게로 바짝 다가가면서,

"제발 가르쳐 주십시오."

"네가 왔던 길로 다시 돌아가면 만날 수 있을 것이다."

"저는 오면서 그런 분을 만나지 못했습니다. 그런 분을 알아볼 수 있는 방법을 가르쳐 주십시오."

"그 분은 너를 맨발로 맞이할 것이다."

"네? 좀 더 자세히 말씀해 주십시오."

고개를 들자 그 노인은 홀연히 사라지고 없었다.

"그래, 속는 셈 치고 다시 가 보자. 그런데 위대한 분이 왜 나를 맨발로 맞이할까?"

청년이 오던 길을 다시 돌아서 얼마나 왔을까?

"아니, 여기는 낯익은 곳이 아닌가?"

고향을 보니 어느새 가슴이 뭉클해지면서 어머니가 보고 싶었다.

'어머니… 어머니는 잘 계신가? 마당에서 인사만 하고 위대한 분을 다시 찾으러 가야지.'

당신은 자식으로부터 위대한 사람의 5순위 안에 들어가나요?

당신이 위대해지기 위해 하는 행동들은 무엇인가요?

당신은 이름을 남기고 싶은가요?

청년은 마당에 엎드려 머리를 조아리고 어머니께 절을 했다. 인기척을 느낀 어머니는 문을 활짝 열더니 한눈에 아들임을 척 알아보고는,

"아이고, 내 새끼! 어디 갔다 이제 오니. 그래, 배는 곯지 않았니. 어서 일어나거라."

소년은 눈시울이 뜨거워서 고개를 들지 못하고 있다가 어머니의 맨발을 보고는 깨달았다.

"내가 그렇게 찾아 헤매던 위대한 분을 여기서 찾다니…. 그렇게 찾아 헤매었는데 바로 내 옆에 두고도 멀리서 찾아 헤매었구나."

● ● ●

혹시 주변에서 소홀하게 흘려버리는 것이 있다면 어떤 것이 있나요?

행복도 마찬가지입니다. 멀리 있지 않습니다. 바로 내 옆에, 바로 지금 이 순간, 내가 숨 쉬는 것이 감사하다고 생각할 때 그때부터 행복은 시작됩니다.

습관

"나는 이렇게 살다 죽어야지! 나는 안 돼!"

다른 사람이 뭐라고 하면 "니가 나를 가르치려고 하느냐!"라며 화를 낸다.

그런 사람은 이미 살아온 방식대로 그렇게 살다가 죽어야 하는 불쌍한 사람이다.

오랜 습관을 바꾸는 데 걸리는 시간은 20일 정도라고 한다. 세포가 바뀌는 시간도 비슷하게 그 정도 걸린다. 완전히 바뀌려면 40일 정도의 시간이 필요하다고 한다.

하루, 이틀 노력하다 보면 바뀌는 것이다.

50년 동안 담배를 피운 사람도 병원에서 폐암이라고 하니까 당장 끊었다고 한다.

■ 습관[習慣]
무의식중에 어떤 행위를 오랫동안 되풀이하는 과정에서 저절로 익혀지는 행동 방식.

살면서 한번쯤 마음에 새겨야 할 감정

당신이 간직해야 할
좋은 습관 세 가지는
무엇인가요?

폐암이란 것을 알기 전에는 "내가 죽으면 죽었지 담배는 못 끊는다"라고 말한다. 그 말 속에는 '다른 사람은 다 암에 걸려도 나는 괜찮겠지. 아무렴! 그렇고 말고. 내 인생의 주인공은 나인데 내가 암에 걸릴 수는 없을 거야' 하는 생각이 밑바탕에 깔려 있다.

다른 사람들도 다 인생의 주인공이었지만 암에 걸리기도 한다. 당신이라고 예외일 수 없다.

"내가 죽으면 죽었지 술 없이는 하루도 못 살아" 하던 위세 당당한 술 예찬가도 "더 이상 먹으면 죽습니다. 암입니다"라는 그 한 마디에 당장 술을 끊었다고 한다.

오래된 습관도 충격을 받으면 끊게 된다.

당신이 버려야 할 안
좋은 습관 세 가지는
무엇인가요?

자신의 잘못된 습관을 누가 지적하면 "난 안 돼. 나 좀 이해해 줘"라며 자신을 방어하기에 급급해 하고, 자신을 바꾸는 것을 두려워하고 귀찮아한다.

만나는 사람마다 "나 이런 사람이니까 당신이 좀 이해해 주세요" 하고 사정하기도 하지만 자신의 잘못된 습관을 바라보는 세상 사람들 눈을 바꾸는 것보다 그냥 자신의 습관을 조용히 바꾸는 것이 시간이 훨씬 더 적게 걸린다.

물론 노력해도 안 되는 것은 누구에게나 하나씩

각인

다 있다. 그럴 때는 양해를 구해야 하지만 양해를 구할 것이 너무 많다는 것은 자신의 나쁜 습관을 너무 방어하기 때문이다.

설령 이해를 구했다고 치더라도 내 몸 속에 자라고 있는 암은 바뀌어지지 않는다. 다른 사람은 이해를 시켜도 내 몸은 이해시키지 못한다.

"나는 술 없으면 못 살아요. 담배가 내 유일한 낙입니다"라고 하면 세상 사람들은 이해를 하면 되지만 의사는 단호히 분명하게 말한다.

"폐암입니다. 끊어야 합니다. 안 그러면 죽습니다."

그때는 변명도 안 통한다.

살아 있을 때 즐겁게 살려고 담배를 피우는 거지 담배 때문에 죽음을 앞에 두고 있는데 "담배가 유일한 낙입니다. 그러니까 봐 주세요" 하는 소리가 나오겠는가?

병원 의사의 "암입니다"라는 그 짧은 한 마디로 오랜 마약 같은 습관을 잠재울 수 있다.

좋은 습관은 굳이 바꿀 필요는 없지만 그 습관이 주변 사람들을 힘들게 하고 자신을 병들게 한다면 지금 이 순간부터 바꾸어야 한다.

> 혹시 당신은 안 좋은 습관을 두둔하고 변명하는 사람인가요?

> 당신의 안 좋은 습관을 자식이 물려받는다면 어떻게 할 것인가요?

―― 살면서 한번쯤 마음에 새겨야 할 감정 ――

습관을 고치려고 얼마나 노력했나요? 해 보지도 않고 안 된다고 자기를 두둔하지는 않았나요?

● ● ●

안 된다고 말하지 말고 "그래, 지금부터야!" 하고 당장 바꾸도록 노력하세요.

봉사와 희생

남에게 봉사와 희생을 했을 때 사람은 죽어서 좋은 곳으로 간다.

사람들의 마음속에서 진심으로 우러나서 "감사합니다. 고맙습니다"라는 소리를 듣는 사람은 나중에 죽어서 좋은 곳으로 가는 보험을 들어놓은 것이다.

살아서 보험에 가입했을 때 마음이 든든한 것처럼 종교를 믿어서 나중에 좋은 곳으로 간다고 생각하니까 마음이 편안하지 않은가? 마찬가지로 좋은 곳에 가려면 봉사를 많이 해야 한다. 그렇지 않다면 왜 사람들이 알게 모르게 봉사를 하겠는가.

봉사를 하게 되면 행복 호르몬이 나온다고 한다. 그 행복 호르몬이 무엇인지 느껴 보고 싶지 않은가?

대부분의 사람들은 종교를 믿기만 한다고 좋은

■ 봉사[奉仕]
국가나 사회 또는 남을 위하여 자신을 돌보지 아니하고 자신보다 더 아끼고 힘을 바쳐 애씀.

■ 희생[犧牲]
어떤 목적을 위하여 자신의 목숨, 재산, 명예, 이익 따위를 바치거나 버림.

당신의 봉사정신은 몇 점인가요?
봉사를 해 본 기억은 언제인가요?

곳으로 간다고 인정하지 않는다.

그런데 대부분의 사람들은 봉사하고 남에게 좋은 일 많이 하면 "그래, 그 사람은 죽어서 좋은 곳으로 갈 거야. 저런 사람이 좋은 곳에 안 가면 누가 가니. 그래야 하고 말고" 하며 인정한다.

봉사하고 좋은 일을 하는 사람이 천국 가는 것에 이견을 제시하는 사람은 아무도 없다.

종교를 믿고 갖은 악행을 일삼으면 '그런 사람이 천국에 간다면 세상 사람들 누구라도 다 천국 가겠네' 하고 비웃는다.

나중에 죽었을 때 '그래, 잘 갔어. 그 사람은 사회의 좀이야. 좀 더 빨리 죽었어야 했어' 하고 마음속으로 말한다면 정말 좋은 곳으로 가기는 힘들 것이다.

자신이 죽었을 때 주변 사람들이 명복을 빌어 줄 수 있는 사람이 되어야 한다.

진실과 거짓

다음은 우리가 너무도 잘 알고 있는 거짓말에 대한 뼈저린 교훈을 들려주는 이야기이다.

한 양치기 소년이 심심해서 장난으로 사람들의 관심을 끌어 보기 위해서 버럭 소리를 질렀다.
"늑대야! 늑대다!"
사람들은 하던 일을 멈추고 소년에게 달려왔다.
"어디! 어디! 늑대가 어디 있니?"
소년은 사람들의 표정이 재미있다는 듯이,
"깔깔깔! 속았죠."
한참 후에 다시 소년이 아까보다 더 황급한 목소리로 소리쳤다.
"늑대야! 늑대야!"
사람들은 다시 일손을 놓고 부리나케 달려왔다.

■진실[眞實]
거짓이 없이 참되고 올바름.

당신은 거짓말을 잘 하는 편인가요?

"어디에 늑대가 있니? 어디니?"
소년은 배를 움켜잡고 웃으면서,
"또 속았죠?"
어른들은 다시 돌아갔다.

소년은 이번에 진짜로 늑대를 봤다. 그래서 아까보다 더 큰 목소리로 소리를 질렀다.

"늑대다! 진짜 늑대다! 아저씨, 살려 주세요!"
어른들은 코웃음을 치면서,
"흥, 네가 백날 그래 봐라! 우리가 속나 봐라! 두 번 속았으면 됐지, 세 번 속니!"

소년은 조금 전의 거짓말에 대해서 눈물을 흘리며 후회했지만 아무도 자신을 믿어 주지 않아서 자신의 눈앞에서 양들은 다 죽고 말았다.

■ 거짓
사실과 어긋나고 다른 것.
사실이 아닌 것을 사실인 것처럼 포장하고 꾸밈.

거짓말은 절대 하지 않아야 한다. 단 한번의 장난으로 한 거짓말이라 해도 사람들은 경계한다.
"또 우리를 속이는 것은 아니겠지?"
장난으로 내가 한 거짓말에 속은 사람은 다음번에 어떤 말을 해도 나를 제대로 믿어 주지 않기에 나중에는 반드시 후회라는 대가를 치르게 한다.
"전에처럼 또 거짓말하는 것 아니야!" 하고 의심하고 상대방을 바라보게 된다.

― 각인 ―

하지만 선의의 거짓말은 괜찮다기보다 어쩔 수 없을 때가 있다. 상대방을 살리기 위해서 하는 거짓말은 양심이 시켜서 하는 것이라서 눈감아 준다.

예를 들어 선녀와 나무꾼 이야기에서 사슴이 사냥꾼에게 쫓겨 다 죽게 되었을 때 나무꾼이 사슴을 나무 뒤에 숨겼다. 사냥꾼은 그에게 물었다.
"이것 보시오, 나무꾼! 여기로 지나가는 사슴 못 봤소?"
나무꾼은 손가락으로 멀리 산을 가리키면서,
"그 사슴은 저 산 속으로 들어갔어요."
이런 거짓말은 남을 살리기 위해서, 어쩌면 내가 희생을 치르게 될지도 모르는 거짓말이다.
거짓말이 들통 나면 사냥꾼에게 봉변을 당할 수도 있다. 그 희생으로 내가 죽는다고 해도 두려워하지 마라. 희생과 봉사는 천국으로 가는 티켓이다.
만약에(숨겨둔 나무 뒤를 가리키면서)
"그 사슴, 저기 있어요. 얼른 잡아가세요. 나는 거짓말을 못해서 큰일이야."
양심이 시키지 않는 정직함보다 때로는 선의의 거짓말은 필요한 것이다.

거짓말을 하는 횟수는 하루에 몇 번이나 되나요?

상대방이 거짓말을 했을 때 내 기분은 어떤가요?

71

―― 살면서 한번쯤 마음에 새겨야 할 감정 ――

선의의 거짓말은 해도 된다고 생각하나요?

● ● ●

거짓말은 절대 하지 말자!
내 양심이 허락하는 거짓말은 양심의 가책을 받지 않습니다. 어떠한 희생을 치르더라도 타인을 위해서 하는 거짓말은 때로는 필요합니다.
아무리 악인이라도 남을 대신해서 죽게 되면 천국은 그 희생을 기꺼이 받아 줄 것입니다.

자만

고귀한 자존심은 지켜 나가야 하고 알량한 자존심은 버려야 한다.

자신감이 너무 지나치면 자만하기 쉽고 자만이 점점 커지면 자멸의 길로 가는 지름길이다. 지나치면 모자람만 못하다.

지식이 너무 많으면 아는 척하고 싶어지고, 아는 척을 많이 하다 보면 쓸데없이 자신이 내뱉은 말을 주워 담기 바쁘다.

덕은 없고 지식만 많은 사람은 스스로 잘난 척을 하기에 혼자만 잘났다고 착각하지만 주변에서 아무도 알아주지 않는다. 진정으로 잘난 사람은 남이 알아주는 것이지, 혼자서 도취되어 스스로가 잘났다고 떠들고 다니는 사람은 아니다.

■ 당연[當然]
일의 앞뒤 전후 사정을 놓고 볼 때에 누구나 인정할 정도로 마땅히 그러하다.

■ 자존심[自尊心]
남에게 굽히거나 타협하지 아니하고 자신의 품위를 스스로 지키는 마음.

살면서 한번쯤 마음에 새겨야 할 감정

■ 자만[自慢]
자신감이 넘쳐흘러서
오만해짐.
자신감+오만=자만

주변에 자만하는 사
람을 떠올린다면 누
가 있나요?

옛날에 아주 학문이 뛰어난 사람이 있었다. 자신보다 학문이 얕은 사람을 면박 주며 자신의 학문이 제일이라고 떠들고 알리는 것을 좋아했다.

그런데 사람들은 그 사람 앞에서는 당신 학문이 높다고 말하지만 돌아서서는 항상 어느 절의 어느 스님이 최고라고 꼽았다.

"당신의 학문도 높지만 그곳 스님의 학문은 정말 높습니다."

그는 분기를 삭이지 못하고 씩씩거리면서,

'그래! 나보다 더 뛰어나다는 말이지. 내가 그 스님의 코를 납작하게 만들면 사람들이 나를 더 존중해 주겠지!'

그는 스님 코를 납작하게 해줄 생각으로 스님을 찾아갔다.

스님은 그에게 차를 한 잔 권했다. 그런데 찻잔의 뚜껑을 열지 않고 차를 부었다. 그는 기회는 이때다 싶어서,

"어허! 스님, 눈도 없으시오. 어떻게 찻잔의 뚜껑이 있는데도 그렇게 차를 부으시오."

"그렇군요. 혹시 그대도 무언가를 얻고자 온 사람이 생각의 뚜껑을 열지 않고 오신 것은 아니겠지요."

그는 이내 꼬리를 내리고 속으로 뜨끔거리면서,

각인

"스님의 고견을 듣고자 온 사람이 그럴 리가 있겠습니까?"

"제가 다시 차를 따르지요."

그리고는 찻잔의 뚜껑을 열고 차를 가득 따랐다. 그러자 이내 찻물이 차고 넘쳤다. 그는 조롱 섞인 목소리로,

"스님, 눈이 안 보시오! 물이 흘러넘치지 않소."

"그렇습니다. 당신의 지식은 이 찻물처럼 흘러넘쳐서 소승이 의견을 이야기한다고 한들 당신의 머릿속에서 넘쳐흘러 되돌아 나올 뿐 아무런 도움이 되지 않습니다. 저에게 무언가 배우러 오셨으면 소승의 말을 귀담아 들을 수 있도록 조금만 마음 한 자락을 비워 두고 오소서."

■ 오만[傲慢]
태도나 행동이 눈에 거슬리면서 건방지거나 거만하게 느껴짐.

● ● ●

너무 똑똑해서 다른 사람의 말은 귀에도 들어오지 않는 사람이 많이 있습니다.
자만할 정도로 똑똑하게 자식을 키우지 마세요. 조금 부족해서 항상 남의 말도 들을 수 있는 사람이 되게 하소서. 그래야 외로운 삶을 살지 않습니다.

자만으로 무너진 사람을 보면서 나의 자만심을 경계하고 있나요?

살면서 한번쯤 마음에 새겨야 할 감정

세상에서 제일 똑똑한 노인

세상에서 제일 잘난 주변 인물은 누가 있나요?

다음의 이야기는 오만한 지식의 말로를 보여 주는 짧은 이야기이다.

세상에서 제일 똑똑한 노인이 살았다. 많은 글을 입으로 달달 외웠지만 실천하지 못하고, 남에게 아는 것을 자랑하기 위해서 학문을 배운 노인이었다.

어느 날 강을 건너는데 나룻배를 젓는 소년에게 아는 척이 하고 싶어졌다.

"소년아! 너는 물에 대해서 아느냐?"

나 잘난 맛으로 살아가고 있지는 않나요?

"아뇨. 저는 물에 대해서 잘 모릅니다. 물길에 대해서만 알 뿐입니다."

(개탄스럽다는 말투로) "그래, 어허! 너는 세상의 3분의 1을 헛살았구나."

얼마를 갔을까? 노인이 다시 말했다.

각인

"소년아, 너는 숲에 대해서 아느냐?"

소년은 또다시 무시를 당하기 싫어서,

"숲에는 나무도 있고, 새도 있고, 산도 있고, 그런 것이 아닙니까?"

(그는 무시하고 싶은 마음에) "어허! 너는 또 인생의 3분의 1을 헛살았구나!"

또 강을 건너고 있는데 노인은 다시 아는 척이 하고 싶어서 입이 간질거렸다.

"소년아!"

그러자 이어서 소년이 노인을 불렀다.

"어르신! 헤엄에 대해서 알고 계십니까?"

"아니, 모른다. 그게 여기서 왜 나오느냐. 그것이 사는 데 꼭 필요한 것이냐?"

"네! 꼭 아셔야 합니다. 안 그러면 어르신은 인생 전부를 헛살게 될 테니까요."

그리고는 물속으로 '풍덩' 뛰어들었다.

"별 싱거운 놈 다 있네."

노인이 앞을 보니 거대한 소용돌이가 배를 집어 삼키고 있었다. 천하의 헛똑똑이 노인을 강물이 삼켜 버린 것이다.

나보다 더 많이 아는 사람을 보면 재수 없다고 생각하나요?

당신은 지식을 많이 알고 있나요? 아니면 많이 알지 못해도 지혜로운 사람인가요?

―― 살면서 한번쯤 마음에 새겨야 할 감정 ――

당신이 가지고 있는 자격증은 남에게 보여 주기 위함인가요?

●●●

지식보다는 기술이 더 중요하다고 할 수 있을 것입니다. 노인은 자만심으로 사람들을 멸시하는 것만 익혔지 자신의 생명을 지켜 줄 것은 익히지 않았습니다.

질투

남이 잘 되는 것을 배 아파하지 말자. 남이 잘 되는 것을 배 아파해 봤자 내 배만 아프다.

남이 잘 된 것을 시기해서 그 사람을 욕하지 말자. 그 욕을 듣는 사람은 그 순간은 내 편인 것처럼 맞장구치지만 나중에는 나를 경계하는 사람이 된다. 혹시 어디 가서 내 욕을 하는 것은 아닌가? 하는 의심을 갖게 한다.

그 사람이 잘 된 것을 부러워하며 "나도 저렇게 되어 봤으면…" 하는 사람은 반드시 그와 비슷한 위치까지 가기 위해 노력해서 그 자리까지 갈 수 있다. 하지만 남을 시기하고 욕하는 사람은 항상 제자리에서 머무르며 발전이 없다.

부러움과 시기는 종이 한 장 차이다.

■ 질투[嫉妬]
자신이 사랑하는 사람이 다른 사람을 좋아하거나 친절한 태도로 대하면 미움을 느끼고 분하게 여기는 것.
자신보다 잘났거나 앞선 사람을 시기하고 미워하는 것.

■ 시기[猜忌]
남이 잘되는 것을 시샘하여 미워함.
남 잘되는 꼴을 못 보는 마음.

부러움은 내가 저 위치까지 가 봤으면 하는 대상을 존경하는 마음으로 동경하는 간절한 바람이 수반된다. 그래서 그 목표를 향해서 다가가려고 노력해서 그 부러움의 대상과 언젠가는 어깨를 나란히 함께 하지만, 시기는 저 사람을 욕하면서 바닥까지 끌어내리려고만 할 뿐 달라지는 것은 없다.

부러움을 갖는 사람은 노력해서 더 나은 곳으로 가지만 욕을 하고 시기하는 사람은 다른 사람에게 욕만 얻어먹고 변하는 것은 아무것도 없다.

남을 부러워하고 그 위치까지 올라갈 것인가? 아니면 남을 욕하고 없는 헛소문까지 퍼뜨려 바닥까지 끌어내려 본들 달라질 것이 없는 삶을 계속 살 것인가?

당신이 시기와 질투로 다른 사람을 바닥까지 끌어내렸다고 생각하지만, 명심하라! 다음은 당신 차례이다. 당신이 조금만 잘 되어도 당신이 했던 만큼 입방아에 오르내린다는 것은 왜 모르는가?

애인에게 집착하는 편인가요? 아니면 사랑해서 구속한다고 생각하나요?

애인을 빼앗겼다고 다른 사람에게 질투를 느끼는가?

질투를 느낀 상대방의 머리채를 쥐어뜯는 것도 하나의 방법이다. 그러나 그것은 아주 무식한 방법

각인

이고, 요즈음은 그렇게 하려면 치료비로 줄 돈을 많이 벌어놓고 해야 한다.

언제까지 사랑하는 사람을 빼앗겼다고 상대방의 머리채를 쥐어뜯기만 할 것인가? 그러면 사랑하는 사람이 돌아오는 것인가? 몸은 지금 당신 옆에 있지만 마음은 이미 떠났을 수도 있다.

잠시 동안의 바람이 지나가면 나중에 다시 당신에게로 돌아와서 당신에게 더 잘 할 수도 있지만 마음이 떠난 사람을 잡아두는 것은 빈껍데기뿐이다.

상대방을 뛰어넘을 수 있도록 자신을 가꾸어라! 얼굴은 한때이다. 누구든지 얼굴보다는 마음이 편안한 사람을 찾게 되어 있다.

다른 사람이 애인 때문에 질투하는 것을 보면 어떻게 조언하고 싶나요?

애인이 나를 멀리하는 것은 내가 애인을 밖으로 밀어내기 때문은 아닌가요?

● ● ●

매사에 질투를 느끼는 당신의 강한 질투욕이 다른 사람을 가까이 다가오지 못하게 만드는 것은 아닌가요? 자신보다 더 예쁜 사람 때문에 당신을 떠났다고 생각하는데, 얼굴보다 애인의 마음을 불편하게 해서 떠난 경우가 훨씬 더 많을 것입니다.

상대방을 질투하는 내 마음을 경계하십시오.
사랑하는 이를 떠나게 한 그 마음을 미워하십시오.

애인에게 매력을 사기 위해서 하는 노력은 무엇인가요?

살면서 한번쯤 마음에 새겨야 할 감정

의지와 고집

■ 의지[意志]
어떠한 일을 이루고자 하는 마음.

■ 고집[固執]
자신의 의견을 바꾸거나 고치지 않고 굳게 버팀.

상대방을 피곤하게 만드는 당신의 고집은 무엇인가요?

　　의지와 고집은 비슷하다.
　　의지는 자발적으로 하는 것이고 그 뜻이 좋은 편이지만 대부분의 고집은 남에게 피해를 입히면서까지 하는 안 좋은 의지인 것이다. 좋은 의지는 그냥 의지라고 표현하지만 안 좋은 의지는 고집이라고 부른다.
　　주변을 좋게 만드는 고집, 나라를 위한 고집은 주변 사람들을 피곤하게 만들지만 그것은 집안 식구가 힘들어 해도 충분한 명분이 있다. 가슴 속에는 뿌듯한 무엇이 있는 것이다.
　　그런데 나의 쓸데없는 고집은 주변 사람에게 욕만 먹고 가정도 파탄되고 안 좋다. 끝이 안 좋은 것이다. 상대방의 이해도 못 얻고 욕만 먹는다.

지식

지식은 책에 있는 것이고 지혜는 책에서 바깥세상으로 나와 나의 경험으로 얻어지는 것이다. 지식을 응용하는 것을 지혜라고 할 수도 있다.

그런데 책은 달달 외웠지만 현실에서 응용방법을 모른다면 그것은 곧 지혜가 없는 사람이다. 지혜는 지식을 사용할 수 있는 힘이다.

예를 들어서 숟가락으로 평생을 밥 먹는 것밖에 못하는 사람이 있는가 하면, 병뚜껑을 딴다거나 장단을 맞추어 본다거나 하는 것은 지혜이다.

■ 지혜[智慧/知慧]
사물의 이치를 빨리 깨닫고 사물을 정확하게 처리하는 정신적 판단력.

■ 지식[知識]
어떤 대상에 대하여 배우거나 실천을 통하여 알게 된 명확한 인식이나 이해.

― 살면서 한번쯤 마음에 새겨야 할 감정 ―

장점과 단점

■ 단점[短點]
잘못되고 모자라고 부족하여 남에게 내세우기보다는 감추고 싶은 점.

■ 장점[長點]
좋거나 잘하거나 긍정적인 자랑으로 내세울 수 있는 좋은 점.

단점이 없는 사람은 이 세상 어디에도 없다.
장점이 꼭 좋으란 법도 없다.
얼굴이 잘생긴 것은 장점이 되지만 그것이 또 단점이 될 줄 누가 알았겠는가?
얼굴 잘생긴 사람들은 연예인(장점) 아니면 화류계(단점)로 많이 나간다. 미남미녀를 둔 애인은 남이 보기에는 좋아 보이지만(장점) 그것은 허울만 좋을 뿐이다. 항상 주변을 경계해야 하고(단점) 항상 본인은 가만히 있고자 하나 남자든 여자든 꼬이게 마련인 것이다. 잘생기면 자신의 삶이 아닌 남에게 비쳐지는 삶으로 살 수 있으니까 그것이 피곤할 수 있다.
물론 장점도 있다. 젊은 시절 많은 이성을 만날 수 있는 기회는 생기지만(장점) 그것으로 인해서 의

각인

심을 받는 경우도 있다. 그래서 정말 사랑하는 사람을 잃을 수도 있다(단점).

자신에게 죽고 못 사는 사람에게 주로 얽매여 있다. 자기가 좋아서 사는 사람보다는 자기가 없으면 못 사는 사람에게 주로 종속되어 살아가게 된다. 그것이 단점일 수도 있다.

잘생긴 사람들의 대부분은 자신이 좋아하는 사람과 결혼하는 것이 아니라 자신을 좋아해 주는 사람하고 결혼한다.

보통으로 생긴 사람들의 장점도 있다. 자신의 의지대로 산다. 공부를 많이 해서 좋은 것을 얻을 수 있다. 얼굴로 인해 남에 의해서 휘둘려 살지 않는다.

잘생겨도 한때이지만 보통으로 생겨도 한때이다. 20대 후반부터는 잘생긴 것으로 사람을 판단하지 않고 인상이 좋은지 안 좋은지로 사람을 판단한다. 잘생겼어도 나중에 인생을 험악하게 살아가는 사람이 많이 있다.

성격은 별로이고 잘생기기만 한 사람이 있다. 그러나 보통 외모의 소유자지만 인상이 좋아서 나중에는 더 좋은 평가를 받는 사람도 많이 있다.

화류계 말고는 잘생긴 사람을 별로 안 좋아한다. 사회나 세상은 보통사람을 더 좋아한다. 잘생긴 사

당신의 장점과 단점 세 가지는 각각 무엇인가요?

장점 때문에 입은 피해는 무엇이고, 단점 때문에 오히려 이득을 보았다면 무엇인가요?

> 노력해서 단점을 장점으로 승화한 것이 있다면 무엇인가요?

람들이 꼭 그 값을 한다는 것은 대부분 안 좋은 경험으로 다 겪어 봐서 알 것이다.

젊은 시절 외모로 판단하는 철모를 때는 잘생긴 사람들이 환영받지만 20대 후반부터는 얼굴만 잘생긴 사람을 경계한다. 미남미녀들이 선입견으로 피해를 입게 된다. 그러니까 똑같지 않은가?

새옹지마

필자는 항상 이 이야기를 마음속에 새기면서 생활한다. 좋은 일 뒤에는 반드시 안 좋은 일이 생기고 안 좋은 일 뒤에는 반드시 좋은 일이 온다고 믿는다.

중국의 북쪽 국경 근방에 점을 잘 치는 늙은이가 살고 있었다. 하루는 그가 기르던 말이 아무런 이유도 없이 도망쳐 오랑캐들이 사는 국경 너머로 가 버렸다.

마을 사람들이 위로하고 동정하자 늙은이는 조금도 낙심하지 않은 투로 말했다.

"이것이 또 무슨 복이 될는지 누가 알겠소?"

몇 달 후 도망갔던 말이 오랑캐의 좋은 말을 한 필 끌고 돌아오자 마을 사람들은 이것을 축하했다.

■새옹지마[塞翁之馬]
=인간만사새옹지마
(人間萬事塞翁之馬)

새옹이란 새상(塞上 : 북쪽 국경)에 사는 늙은이란 뜻이다.

| 살면서 한번쯤 마음에 새겨야 할 감정

불행 뒤에 행복이 찾아 온 것이 있다면 무엇인가요?

그러자 그 늙은이는 조금도 기쁘지 않은 투로 말했다.

"그것이 또 무슨 화가 되는지 누가 알겠소?"

그런데 좋은 말이 생기자 전부터 말 타기를 좋아하던 늙은이의 아들이 그 말을 타고 달리다가 말에서 떨어져 다리가 부러졌다.

마을 사람들은 아들이 불구가 된 데 대하여 위로하자 늙은이는 태연하게 말했다.

"그것이 혹시 복이 되는지 누가 알겠소?"

살다 보면 행복과 불행이 골고루 찾아오는 것을 어떻게 생각하나요?

그렇게 1년이 지난 후 오랑캐들이 쳐들어왔다. 장정들이 싸움터에 나가 모두 전사했는데 늙은이의 아들만은 다리가 불구여서 무사할 수 있었다.

자연

산은 산이요, 물은 물이로다.
산은 산이 아니오, 물은 물이 아니로다.
산은 물이요, 물은 산이로다.
산은 산이요, 물은 물이로다.

산은 산이고 물은 물인 줄 알았더니
산은 산이 아니고 물은 물이 아니로다.
산이 산이 아니고 물이 물이 아닌 줄 알았더니
산은 역시 산이고 물은 역시 물이더라.

비록 눈이 내린 들판을 가더라도 발걸음을 흐트러뜨리지 말지니, 오늘 내가 가는 길은 바로 뒤에 오는 사람들의 이정표가 될 것이니라(서산대사).

자연은 곧 진리이다.
많은 도를 닦는 분들이 산에서 도를 닦는 것은 바

■ 자연[自然]
사람의 힘이 더해지거나 보태어지지 아니하고 세상에 스스로 존재하거나 우주에 저절로 이루어지는 모든 존재나 상태. 또는 삼라만상.

— 살면서 한번쯤 마음에 새겨야 할 감정 —

산에서 대자연 속에 있는 나 자신의 작아짐을 느껴 본 기억이 있나요?

로 자연 속에 대우주의 흐름이 있다는 것을 알기에 산 속으로 들어가는 것이다. 그곳에는 영원불멸의 진리가 내포되어 있기 때문이다. 그리고 명상을 하다 보면 내 속에 내재되어 있는 우주를 느낄 수 있기 때문이다.

대한민국이 법으로 돌아가듯이 이 우주도 진리라는 대우주의 법칙에 의해서 순환한다. 그러나 그 진리는 변치 않는 불변의 법칙이다.

뿌린 대로 거두리라.

● ● ●

지금 우리 앞에 보여지는 자연은 곧 우주의 법칙에 의해서 순환되는 것입니다. 자연을 보면서 잠시라도 대자연에 다가가 보세요.

기대

기대가 큰 만큼 실망도 큰 것이다. 기대는 깨지라고 있는 것이다. 그러면 아무런 기대도 없이 무슨 재미로 산다는 말인가?

목표를 가지고 노력하는 과정이 즐겁고 재미있는 것이지 사실 이루고 나면 허무하다. 지나고 나면 그 과정이 추억이고 즐거운 것이었지 정상에서의 쾌락은 순간이고 찰나이다. 어찌 보면 '내가 이 짧은 순간을 위해서 그렇게 고생을 했나' 하는 허무함도 들 것이다.

큰 기대를 하면 실망이 항상 함께 오도록 되어 있다. 그래서 기대를 하지 않는 마음으로 자신의 마음을 추스르는 연습을 해야 한다.

세월이 흘러갈수록 기대는 점점 사라지고 목표를 세우고 차분하게 노력한다. 상상 같은 큰 기대를 가

■ 실망[失望]
자신에게 득이 되는 일이 일어나지 않을 때 느끼는 감정. 희망이나 기대가 깨어지는 감정.

■ 기대[期待/企待]
어떤 일이 이루어지기를 바라고 기다리는 심리.

> 살면서 한번쯤 마음에 새겨야 할 감정

항상 앞선 기대로 실망해 본 기억은 몇 번인가요?

진 만큼 깨진다는 것을 몸으로 느낄 수 있게끔 세월은 그렇게 우리를 혹독하게 교육시킨다.

깨어지지 않는 기대라면 얼마든지 가져도 좋다. 하지만 언젠가는 깨어질 기대라면 생각을 바꾸자! 너무 앞선 환상적인 기대는 갖지 말고 거품을 뺀 다음 정직한 목표를 향해서 노력하며 정진하자! 그것이 좀 더 실망을 줄이는 완충 작용을 한다.

● ● ●

목표로 가는 길에 실망은 없습니다. 또 다른 길이 있어서 조금 멀리 돌아가는 것뿐입니다.

쾌락

우리 인간이 쾌락을 느끼는 것은 섹스할 때이거나 오랫동안 갈망했던 것을 이루었을 때이다.

인간이 유일하게 쾌락을 느끼는 한순간이 젊은 시절 섹스를 할 때인데 그 순간은 오직 하나밖에 생각이 나지 않는다. 오로지 몸이 시키는 대로 할 뿐이다. 그래서 원하든 원치 않든 세상에는 생명이 태어날 수 있는 것이다.

남자가 40살이 넘어서면 미칠 것 같은 쾌락의 질주는 쾌락에서 의무로 바뀐다.

필자의 생각일 수도 있지만 젊은 날 그렇게 삶을 지배했던 쾌락이, '이대로 죽었으면 좋겠다. 만약에 죽음이 온다면 이 상태에서 죽고 싶다'라고까지 생각을 했던 그 쾌락이 점점 퇴색되고 즐거움도 감소된다. 단지 세상에서 다른 놀이보다 조금 더 즐거운

■쾌락[快樂]
유쾌하고 즐거운 감정을 느낌.
욕망을 채우면서 오는 즐거운 감정.

당신이 생각하는 쾌락은 무엇인가요?

■ 욕망[欲望/慾望]
부족을 느껴 무엇을 가지거나 누리고자 탐하는 마음.
육체가 있어서 오는 욕심.

놀이일 뿐 쾌락이라는 표현까지는 아니다.

젊은 날 욕망으로 인해 주체할 수 없도록 만들며 젊음을 지배했던 쾌락이, 세월이 흘러 그저 조금 더 즐거운 놀이 정도로 변질될 수 있다는 것을 살아 보니 알겠다. 그렇게까지 변질될지는 몰랐다. 젊은 날에는 내 온 삶을 지배하는 것 같았으니까. 눈곱만큼도 쾌락의 정의가 바뀔 수 있다고는 생각조차 할 수 없었다.

나이가 들어서 좋은 것은 바로 성호르몬의 지배를 덜 받는다는 점이다. 몸도 안 따라주는데 성호르몬이 나를 젊은 날처럼 지배하지 않으니까 그런 한 가지 장점도 있다.

단점은 내가 늙어간다는 것이지만 그래도 하나를 잃으면 하나를 얻는 것이 자연의 이치이다.

이제는 쾌락이 허무하기까지 하고 나이가 들면 다른 곳에서 쾌락을 찾아야 한다니 세상은 살아 봐야 아는 것 같다.

육체와 정신적인 쾌락 중에 어느 것에 비중을 더 많이 두나요?

3장

**피할 수 없으면 즐겨라
만족=불만**

각인

거울

거울을 자주 보는가?
거울을 통해서 나를 관찰하는가?
다른 사람을 거울삼아서 나를 비교해서 보지는 않는가?

세 사람이 함께 가면 한 사람은 꼭 나에게 가르침을 주는 사람이 있다.
　누군가의 실수나 실패는 나에게 간접경험을 주는 좋은 가르침이 된다. 그러니 나는 누군가의 실수나 실패를 통해서도 간접적으로 배울 수 있는 것이다.
　남의 실수나 남의 실패를 거울삼아서 그런 실수를 내가 다시 겪지 않는 사람은 현명한 사람이다.
　왜 기록을 남기겠는가? "우리는 여기까지 했으니까 그 다음은 당신이 하시오" 하는 메시지이다.

▪거울
물체의 모양이나 어떤 사실을 그대로 비추어 주는 물건.

당신이 거울삼아 비교하는 대상은 누구인가요?

> 상대방의 장점 중에 내 것으로 하고 싶은 것은 무엇인가요?

> 저것만은 본받지 말아야겠다고 생각하는 것은 무엇인가?

왜 책을 발간하는가? 이 책을 보는 당신은 나보다 더 나은 삶을 살기를 바라는 기도하는 마음에서이다. 그렇지 않고서야 기록이나 책이 나온다고 해서 돈방석에 앉는 것도 아니고, 고뇌의 나날로 지새우면서 자신에게 그다지 도움이 되는 것도 아니고 소용없는데 왜 책이 나올까?

어떤 사람은 꼭 직접 겪어 봐야 그제서야 "그 말이 그 말이었구나" 하고 깨닫는 사람이 있다. 현명한 사람은 간접적으로 다른 사람이 당한 경우를 보고 경계하고 피해가는 사람이 있다. 뉴스를 보면서 미리 방어를 하고 경계를 하는 사람은 현명한 사람이다.

어떤 사람은 전에 겪어 보고 또 다시 겪어 봐도 계속 겪는 사람이 있다. 한번 겪고 다시는 그런 실수를 반복하지 않는 사람은 현명은 사람이다. 한번 겪고도 대비를 하지 않고 똑같은 실수를 하는 사람은 어리석은 사람이다.

실패에서 얻어지는 교훈을 마음속에 잘 새겨두어서 다시는 그런 실패를 하지 않는 사람이 되자. 실수나 실패는 살면서 누구나 겪는 것이다. 하지만 그것을 끊임없이 겪는 사람이 있는가 하면 한 번이면 족한 사람도 있다.

각인

어떤 사람이 되는 것인가는 내가 선택하는 것이다. 아무리 경험이 책 속의 지식보다는 좋다고는 하지만 목숨을 담보로 경험을 하는 것은 어리석은 사람이다. 목숨이 여러 개 있는 사람이라면 해도 상관없지만 목숨이 하나밖에 없으니 목숨을 담보로 경험을 하는 것은 자중하는 게 좋을 것이다.

타인의 교훈을 보고 들으면서 마음에 새긴 것이 있다면 무엇인가요?

살면서 한번쯤 마음에 새겨야 할 감정

만족과 불만족

■불만[不滿]
=불만족.

■불만족[不滿足]
마음에 흐뭇하게 차지 않아서 마음이 좋지 않음.

당신의 삶에 만족하나요?

　세상에는 불만이 가득한 사람이 있고 매사에 만족하는 사람이 있다.
　세상이 나를 만족시킬 수 없는데 불만을 잔뜩 가지고 있으면 무엇 하겠는가?
　내 몸에 달린 내 몸뚱어리도 나를 만족시키지 못하고 병들고 늙어 가고 있는데, 내 마음도 내 뜻대로 다스리지 못해서 항상 불만스러운데, 남이 어떻게 나를 100% 다 만족시켜 줄 수 있는가?
　세상의 불만으로 입이 툭 튀어나온 사람을 보면서 오히려 주변 사람들이 그 사람을 보면 괜스레 짜증스러워진다.
　자신은 뭐가 그리 잘났는지 세상 모든 것에 짜증을 내면서 툴툴거린다. 99개를 가지고 있어도 1개를 더 못 가져서 입이 툭 튀어나와서 불만스러운 사람

각인

이 있다.

그러나 만족하는 사람은 자신에게 주어진 하나를 가지고도 만족해한다. 자신이 가지고 있는 하나에 감사하고 그것에 대해서 무한한 감동을 가지고 생활한다.

태어날 때부터 좋은 환경 속에서 자란 소년은 좋은 환경을 잃어버리기 전까지는 자신이 가지고 있던 것이 얼마나 소중한지 잘 모른다. 그래서 몇몇 재벌 2세들이 돈의 소중함을 모르고 돈을 펑펑 쓰는 것이다. 돈으로 교육시킨 사람들의 이야기이다.

그러나 가난 속에서 돈을 모으는 법을 배운 사람은 아끼는 재미를 알고, 모으는 재미도 알고, 하나하나 마련하면서 얻어지는 재미도 알고 있다.

결혼을 하여 살면서 하나씩 마련하는 재미가 더 좋다고 한다. 이미 다 혼수품으로 가지고 온 사람은 다 가졌지만 하나씩 하나씩 마련하는 재미는 없다고 한다.

> 하루 중 만족과 불만족의 횟수는 어느 쪽이 더 많은가요?

> 긍정적인 습관을 갖기 위해서 할 수 있는 것은 무엇인가요?

● ● ●

내가 매사에 만족하고 감사를 할 때가 오히려 짜증

■ 만족[滿足]
모자람이 없이 충분하고 넉넉하여 마음에 흡족함.

낼 때보다 더 행복한데 왜 불만을 가지고 자신을 우울하게 만드나요?
자신이 화를 낸다고, 불만을 표현한다고 해서 누구하나 알아주는 사람도 없습니다.
매사에 만족하는 마음을 가지세요.

후회

후회는 항상 늦다.
후회가 빠른 것은 한 번도 없다.
후회는 항상 과거이다.
후회는 항상 안타깝게 한다.
후회는 돌이킬 수 없어서 가슴을 치게 만든다.
후회는 타임머신이라도 있었으면 하게 만드는 단어이다.
그러나 후회만 하고 있으면 무엇 합니까?

"똑같은 후회를 다시는 하지 않도록 대비하라"는 말을 교훈으로 삼아야 한다.
후회만 하고 술만 마신다고 해서 상황이 바뀌는 것은 아무것도 없다.

■ 후회[後悔]
과거의 잘못을 깨우치고 뉘우침.
자신이 했던 행위의 잘못을 깨우치고 뉘우침.

살면서 후회하는 것이 있다면 세 가지는 무엇인가요?

| 살면서 한번쯤 마음에 새겨야 할 감정

다시 태어난다면 꼭 하고 싶은 것은 무엇인가요?

　자신의 의처증 때문에 마음 고생만 시키다가 그 부인이 죽게 되자 부인 관 옆에서 누워 자고 생활하면서 속죄해 봤자 이미 늦었다.
　어머니의 마음에 대못을 박고 다시 위안해 드리려고 해도 이미 어머니는 돌아가시고 없다. 잘못을 저질렀으면 살아 계실 때 용서를 빌어야 한다. 이미 돌아가신 뒤에는 용서를 해줄 그 분은 세상에 안 계신다.
　그러나 알고 있는가? 당신이 어머니의 가슴에 못을 박았다고 생각하지만 어머니는 당신을 한번도 원망하거나 미워한 적이 없다는 사실을…. 그것조차도 당신이 지고 가야 할 짐이었기에 자식을 원망하지 않는다는 것을….

지금도 늦지 않았다고 생각한다면 어떤 시도를 해 보고 싶은가요?

　그러나 당신은 아직도 당신의 양심에 대못을 박고 그것을 스스로 못 빼고 그렇게 아파하고 있는 것 뿐이다. 어머니는 당신에게 용서고 뭐고가 없는 절대적인 사랑의 존재이다.
　당신이 스스로 박은 양심의 대못을 못 삭이고 가슴 아파하고 있다는 것을 알고 계신다면 죽어서도 눈을 못 감을 것이다. 이제는 당신 스스로 박은 양심의 대못을 빼고 이제 어머니를 이승에서 편안히 놓아주기 바란다.

그것이 못내 죄스러우면 다른 분에게 봉사를 하자. 그래서 당신에게 진심으로 감사의 은혜를 입은 다른 분께서 마음 깊숙이 "감사합니다"라고 빌어 준다면 그것이 공덕이 되어 당신의 어머니께서 더 좋은 곳으로 간다는 것을 믿어 의심치 말자.

똑같은 후회를 또다시 하지 않으려면 어떻게 해야 할까요?

● ● ●

후회는 항상 늦습니다.
그러니 똑같은 후회는 하지 마십시오.

살면서 한번쯤 마음에 새겨야 할 감정

책임

■책임[責任]
맡아서 해야 할 임무나 의무.
그 결과에 대하여 짊어지는 의무나 부담.

당신의 어깨에 있는 책임은 어떤 것이 있나요?

우리의 인생이 힘든 것은 살아가는 동안 책임져야 하는 일이 많기 때문에 그래서 삶의 무게가 힘든 것이다. 아버지로서, 어머니로서, 사회구성원으로서, 자식으로서 얽히고설킨 책임감의 울타리 때문에 우리는 힘든 것이다.

그래서 불과 몇 년 전까지만 해도,

"내가 자식을 결혼시켜야지 부모 된 책임감을 벗어 버리고 눈 감고 죽을 수 있을 텐데."

그러면 부모 된 책임감이 끝인 줄 알고 자식이 원하든 원치 않든 상관없이 결혼시켰더니 자식까지 두고 이혼하는 것도 흔히 볼 수도 있는 요즈음의 세상이다.

결혼은 해도 후회, 안 해도 후회라고 한다. 그러면 결혼 안 하고 후회하는 것이 더 좋다.

각인

자식이 있으면 후회고 뭐고 없다. 자식 때문에라도 그냥 살아야 한다. 그러나 자식이 있는데 이혼하고 후회하면 그것은 후회에 또 후회를 하는 것이다.

내 마음이 나의 분신인 자식에게 가 있기 때문에 후회는 마음속에 계속 남게 된다. 내가 후회를 하는 것이 아니라 내가 낳은 자식이 "왜 나를 낳았어" 하는 원망을 하게 되니까 그것은 죄악인 것이다.

당신이 내려놓을 수 있는 책임감은 어떤 것이 있나요?

살면서 한번쯤 마음에 새겨야 할 감정

반복

■반복[反復]
같은 일을 똑같이 되풀이함.

세상이 늘 달랐으면 하지만 세상은 늘 똑같다.

날마다 같은 아침
날마다 같은 저녁
날마다 같은 밥
날마다 같은 얼굴
날마다 같은 마을
날마다 같은 하늘
날마다 같은 것들….

그러나 그것은 정말 몰라서 그런 것이다.
날마다 같은 아침은 없다. 어제의 아침과 오늘은 아침은 결코 같지 않다.
시간이 같지 않고, 요일이 같지 않고, 내가 어제

각인

의 컨디션이 아니고 날마다 다른데 늘 똑같다고 우기는 당신은 정말 나중에 후회할 사람이다. 세상이 조금씩 달라지고 있는데 그것을 못 느끼는 당신은 나중에 땅을 치고 후회할 것이다.

삶은 반복을 거듭하지만 오늘은 분명 어제와 다르다. 관찰하지 않기에 무심한 당신이 모르고 있지만 그래도 세월은 흘러간다. 당신이 알든 모르든, 당신이 무엇을 하든 세월은 내 의지하고 상관없이 흘러간다.

나중에 귀밑머리가 희끗해지면 느끼게 되리라. 하루하루가 왜 이리 빨리 지나가는지…. 그렇게 지겹게 반복되었던 하루가 짧게 느껴지는 것은 당신이 아직까지 삶에 대한 미련이 남아 있기 때문이다.

> 일상의 반복이 지겹다고만 생각해 본 적이 있나요?

● ● ●

지구는 하루에 한 바퀴 돌고, 일 년에 네 번 계절이 바뀝니다. 늘 같게 느껴지지만 어제와 같은 하루는 '기억하십시오. 일생에 딱 한 번뿐이라는 것을, 다시는 돌아올 수 없음을….'

> 지겹지 않으려고 한 노력이 있다면 무엇인가요?

노동

■ 노동[勞動]
사람이 생활에 필요한 물자를 얻기 위하여 육체적 노력이나 정신적 노력을 동원하여 행위를 하고 그 가치를 돈이나 물질로 환산하는 것.

젊었을 때는 마냥 노는 것이 좋다고 생각하지만 나이가 들어서 일을 대하는 태도는 젊었을 때와는 다르다.

나이가 들어서 일을 하고 있다는 자체가 굉장히 소중하게 생각되어진다. 처음에는 돈을 벌기 위해서가 대부분이었지만 나이가 들어서 일을 하는 것은 내가 살아 있는 것을 느끼기 위해서 노동을 하는 경우도 있다.

내가 노동의 대가를 얻음으로 해서 생활의 보탬도 되지만 그것보다 더한 이유는 '나의 가치가 아직도 쓸모 있구나. 아직도 내가 없으면 안 되는 곳도 있구나' 하는 생각을 하게 된다.

물론 내가 없어도 세상은 돌아간다. 하지만 내가 있어서 세상이 조금 더 여유롭게 사람들이 조금 덜 불편함을 느끼고 살아가게 된다는 것에 만족을 느끼고 내가 살아 있을 이유를 찾게 된다.

> 노동은 당신에게 어떤 의미인가요?

● ● ●

점점 나이가 들면서 노동의 의미가 달라집니다. 그래도 노동의 가치를 돈으로 환산하지 않으면 역시 노동을 할 필요를 못 느낄 수도 있습니다.

— 살면서 한번쯤 마음에 새겨야 할 감정

의미

■ 의미[意味]
사물이나 현상의 가치.

〈꽃〉

— 김춘수

내가 그의 이름을 불러 주기 전에는
그는 다만
하나의 몸짓에 지나지 않았다

내가 그의 이름을 불러 주었을 때
그는 나에게로 와서
꽃이 되었다

당신은 세상에서 어떤 의미가 되고 싶은가요?

내가 그의 이름을 불러 준 것처럼
나의 이 빛깔과 향기(香氣)에 알맞은
누가 나의 이름을 불러다오
그에게로 가서 나도
그의 꽃이 되고 싶다

각인

우리들은 모두
무엇이 되고 싶다
너는 나에게 나는 너에게
잊혀지지 않는 하나의 눈짓이 되고 싶다

우리 모두는 하나의 의미가 되기 위해서 노력한다. 남자는 여자에게, 여자는 남자에게, 남자는 자신을 알아주는 사람을 위해, 여자는 자신을 사랑해 주는 사람을 위해, 애견은 주인에게, 아이는 부모에게, 부모는 아이에게….

모두가 세상에 단 하나라도 의미가 되는 것이 없다면 그 사람은 살아도 살아 있는 것이 아니고, 죽어도 아무도 그 사람을 찾아 주는 이가 없다. 그래서 사람들이 후손을 낳는 것이다.

대다수의 사람들이 죽어서 유일하게 이름을 남기는 것은 자식을 낳아서 자신이 이 땅에 왔다 갔음을 알리는 것이다. 세상의 모두에게 의미 없는 사람이라도 내 가정에서는 없어서는 안 될 의미 있는 사람이라는 것을 아는 순간, 나는 더 이상 쓸모없는 사람이 아니다.

아무도 나를 찾지 않는다면 누구에게도 나는 아무런 의미도 없다. 그러면 내가 살아 있어야 할 이

당신은 집안에서 어떤 의미가 되고 싶은가요?

당신은 직장에서 어떤 의미가 되고 싶은가요?

살면서 한번쯤 마음에 새겨야 할 감정

내가 살아 숨 쉬는 생존의 의미는 무엇인가요?

유도 없고 내가 숨 쉬어야 할 이유도 없다.

　적어도 내가 숨 쉬는 이유는 그래도 이 지구상에 의미가 있는 곳이 있기에 나는 한 줌의 공기를 조금이라도 축내면서 살아가고 있다.

존재

자살은 세상을 이기지 못해서 세상을 도피하여 스스로 죽는 것이고, 죽음은 나이가 들어서 때가 되어서 죽는 것이다.

죽음은 주변 사람들이 미리 마음의 준비를 할 수 있지만 자살은 주변 사람들이 마음의 준비를 미처 하지 못해서 가슴이 더욱더 아프다. 죽음은 사람들이 마음속에 받아들여 떠나보내지만 자살은 그 사람을 마음에서 쉽사리 떠나보내지 못한다. 그래서 슬픔이 오래 남는다.

나이가 들어서 죽으면 마음에 미련도 한도 없어서 마음이 어느 정도 비워진 상태라서 좋은 곳으로 갈 수도 있지만 자살은 좋은 곳으로 가기는 힘들다. 한이 많아서 스스로 목숨을 끊었는데 '다음 세상에서는 좋은 곳에서 태어나겠지'라고 착각을 한다. 그

▪존재[存在]
지금 있음.
현실에 실제로 있음.
나의 가치.

▪존재감[存在感]
사람, 느낌 따위가 실제로 있다고 생각하는 느낌.

▪죽음
생물의 생명이 다하거나 없어지는 현상.

당신은 어떤 의미의 존재로 기억되고 싶은가요? 존재의 이유는 무엇인가요?

나이가 들면서 죽음에 대해서 마음의 준비는 하고 있나요?

러나 절대로 아니다.

자기 스스로 목숨을 끊은 사람은 좋은 곳으로 갈 수 없다. 이미 한 많은 목숨을 끊었기 때문에 그 한을 다 풀기 전에는 좋은 곳으로 갈 수 없다.

괴담에 나오는 이야기들의 주인공들이 거의 다 자살했거나 젊은 날에 타인에 의해서 죽은 사람들이다.

하늘에서 준 목숨을 스스로 끊은 죄, 부모의 마음에 대못을 박은 죄, 주변 사람들의 마음을 아프게 한 죄, 그리고 스스로 원한을 품고 죽은 죄 등으로 인해 좋은 곳으로 가기는 어렵다.

죽을 용기가 있으면 살 용기도 있다.

사실은 사는 것보다 자살하는 것이 몇 배로 더 힘들다고 한다. 그래서 물에 빠져 죽으려고 하는데 물이 차가워서 아니면 누가 불러서 다시 살아났다는 이야기가 많이 있다. 그것은 살려는 한 자락의 미련이 있어서이다. 그만큼 죽기는 힘들다.

그 순간 죽으려고 마음을 먹었지만 마음 한곳에서는,

"누가 안 불러 주나?"

"다시 살 수 있는 어떤 하나의 빌미는 없나?"

하는 것이 사람의 마음이다.

자살하려고 마음을 굳게 먹었다가 절벽에서 누가

각인

조금 밀면 난리가 난다.

"하마터면 너 때문에 죽을 뻔했다."

하루에도 몇 번씩 죽으려고 마음먹는 사람이 많이 있지만 그래도 사는 사람이 더 많은 것은 그만큼 목숨을 끊는 것이 힘들다는 것을 알고 있기 때문이다.

그리고 양심은 알고 있다. 자살하면 좋은 곳으로 가지 못한다는 것을 어렴풋이 알고 있다.

세상을 도피해서 세상에 져서 죽는 것은 비겁하다. 목숨을 끊은 뒤에 다시 그런 상황이 오면 그때는 어찌하겠는가? 그때도 자살로 도피를 할 것인가? 한 번 죽으면 두 번은 절대 죽을 수 없는데….

■ 자살[自殺]
스스로 자신의 목숨을 끊음.

자살하는 사람을 보면 해주고 싶은 말은 무엇인가요?

— 살면서 한번쯤 마음에 새겨야 할 감정 —

夫婦

■ 부부[夫婦]
남편과 아내를 합쳐서 부르는 말.

"너 없이는 못 산다"고 해서 결혼했더니 "너 때문에 못 산다"고 변하는 게 부부인 것이다.

처음에는 부정하던 말, 부부는 전생에 원수가 만나서 결혼을 한다. 그런데 살면서 하는 일마다 시비이고 반대이기에 부부는 원수가 되어 간다.

자식은 원수와 이어주는 유일한 끈이다. 자식만 아니면 미련 없이 이혼하고 말 텐데 그것도 어렵다. 내 자식에게 그림자를 드리울 수 없는 부모의 마음 때문에 할 수 없이 살아가게 된다. 사랑하는 마음이 아니라 정으로 살아가게 된다. 부부에게는 지켜야 할 자식이 있기 때문이다.

당신이 생각하는 부부는 무엇인가요?

처음에는 주변 사람들의 반대를 무릅쓰면서 했던 결혼이 왜 이제는 원수가 되었는가?

버는 돈은 한정되어 있고 지켜야 할 자식은 있

각인

고…. 그러니까 무엇을 하려고 해도 한정된 돈 때문에 못 하게 하는 것이 많다. 가정을 지키기 위해서는 어쩔 수 없는 반대이지만 자신의 입장에서는 못내 섭섭한 것이다. 그러니 전에 들었던 말을 갖다 붙인다.

'부부는 전생의 원수라더니, 그러니까 내 죄를 다 받는구나.'

무엇을 하는 것마다 그렇게 반대하는 것이 많이 있는지 한 이불 속에서 같이 자지만 마음은 다른 데 있고 몸만 있는 경우도 있다. 그래서 적과의 동침이라고까지 생각한다.

가정을 지키기 위해서는 할 수 없이 나와는 정반대의 사람이 필요하다.

헤픈 사람이 있으면 절약하는 사람이 있어야 하고, 철없는 사람에게는 잔소리하는 사람이 있어야 하고, 가정을 비우는 사람이 있으면 가정을 지키는 사람이 있어야 하고, 나와 정반대의 누군가가 필요하다는 것을 알고 있다.

나와 똑같은 사람은 필요치 않다. 생활은 편하지만 나와 다른 사람이 있어야 가정과 내 아이를 편안하게 지킬 수 있다는 것을 알기에 기꺼이 원수와 생활을 할 수 있다.

가만히 보면 내가 원수를 만들었다.

> 상대방을 얼마나 존중하고 있는지 점수로 환산한다면 몇 점인가요?

> 존경받기 위해서 내가 하는 노력의 점수는 몇 점인가요?

― 살면서 한번쯤 마음에 새겨야 할 감정 ―

　나와 정반대인 사람에게 매력을 느끼고, 정반대인 사람이라야 가정이 지켜지는 것을 알기에 서로가 정반대로 변해간다. 가정을 지키기 위해서 스스로 원수로 변화해 놓고 원수와 같이 산다고 말한다.
　존중하면 더 좋다. 부부끼리라도 서로 말을 높이면 싸움이 그렇게 많이 발생하지 않는다.

■ 존중[尊重]
상대방을 높이어 귀중하게 대하는 감정이나 행위.

● ● ●

나이가 많은 사람들은 어른이랍시고 명령조로 이야기하니까 대화가 통하지 않아서 말문을 막는 경우가 많이 있습니다. 대화의 문을 닫으면 더 이상은 부부가 아닙니다. 대화가 통하는 남보다 못한 관계가 됩니다.

세상

우리가 눈 뜨고 사는 곳이 세상이다.
다른 말로 사회라고 해야 하는 것인가?
세상에 대한 인터넷을 뒤적이다 보니 삶이 무엇인지 죽음이 무엇인지 안 궁금해하는 사람은 없는 것 같다. 단지 그것을 무엇이라고 딱 꼬집어 말할 수 있는 사람도 없는 것 같다. 그래서 한 번쯤 짚어 보려고 하는 것이다.

청소년은 누구나 삶에 대해서 왜 사는지 궁금해한다. 아니 인간이라면 누구나 한 번쯤은 생각을 해 봐야 한다. 그리고 정리를 해야 마음 편안하게 살아갈 수 있다.
첫사랑도 겪어야 하고 마지막 사랑도 겪어야 하고, 이별도 겪어야 하고 그 이별에 대처하는 방법도

■세상[世上]
사람이 살고 있고 생활하는 무대나 사회.

| 살면서 한번쯤 마음에 새겨야 할 감정

왜 사는가에 대한 나의 답변은 무엇인가요?

겪어야 한다. 나름대로 가치관이 있어야 한다. 나이 든 사람들도 세상에 대해서 알아야 하지만 청소년들이 더 알아야 할지도 모르겠다.

● ● ●

세상은 살아 봐야 알지만 살아도 마음 깊숙이 바로 보지 않으면 모르는 것이 세상입니다. 인생을 살아가는 무대가 바로 세상인 것입니다.

의식

의식은 다른 말로 마음이라고 부르기도 한다. 마음이 있어야 의식할 수 있다.

우리는 식물인간도 의식이 있다고 해야 하나 없다고 해야 하나 많은 갈등을 느낀다. 식물인간은 의식은 있지만 육체를 움직일 수 있는 어느 특정 부위의 신경이 끊어진 상태이다.

영혼은 육체에 감금되어 있고 인생의 무대인 세상과 소통되는 육체를 움직여 주는 신경이라는 연결고리가 끊어진 상태이다. 영혼과 육체가 자유롭게 교류가 되지 못하는 상황이라고 생각한다.

■ 의식[意識]
자기 자신이나 사물에 대하여 인지하여 느끼거나 인식하는 모든 정신.

무의식적으로 판단해서 후회한 것이 있다면 무엇인가요?

살면서 한번쯤 마음에 새겨야 할 감정

독립

■독립[獨立]
어떤 것에 구속되거나 의존하지 아니하는 상태.

여기서는 젊은 시절의 가정에서의 독립을 이야기 해 본다.

다른 독립보다 가정에서의 독립, 혼자 사는 사람들의 독립은 장단점이 있다.

혼자 살면 살이 빠진다. 아니면 살이 더 찐다. 부모님이 해 주는 밥은 정성이 들어 있어서 살이 그렇게 찌지 않지만 인스턴트식품은 칼로리가 높아서 살이 찌는 음식물들이 많이 있다.

혼자 살아서 좋은 것은 간섭이 없어서일 것이다. 하지만 나머지는 다 혼자서 해결해야 하니까 힘들다. 의·식·주 모두를 해결해야 한다.

부모님과 같이 살면 좋은 것은 끼니를 걱정 안 해도 된다는 것, 그리고 문득문득 가족이라서 오는 행

___ 각인 ___

복을 잠시 느낄 수 있다는 것, 가족끼리라서 문득 따뜻함을 느끼게 된다. 그러나 같이 살다 보니까 약간의 신경을 써야 할 부분이 없지는 않다.

만남에 있어서 항상 신경이 쓰인다. 조금 늦게 들어가도 신경이 쓰인다. 집에서 기다리는 사람이 있다는 것이 신경이 쓰인다. 청소년들은 구속 없이 놀고 싶어서 가출하는 경우가 있다. 혼자 사는 사람은 기다리는 사람이 없으니까 한편으로는 집에 들어올 때 약간의 쓸쓸함을 느끼게 된다.

혼자 살면 좋은 것은 혼자만의 시간이 많이 있다는 것, 누구의 규제도 없다는 것, 그것 외에는 그렇게 좋은 것은 많지 않다.

그런데도 젊은 사람들은 항상 독립을 꿈꾼다. 그것은 젊은 혈기에서 오는 욕정의 만남을 쉽게 이루기 위해서이다.

하나를 얻으면 반드시 하나를 잃는다. 하루 세 끼를 챙겨야 하는 번거로움이 최대의 고민이지만 젊은 날의 혈기를 발산하고 싶은 욕망의 지배도 만만치는 않을 것이다.

부모님의 구속은 젊은 사람들에게는 성가신 것이다. 그렇다고 해서 아무나 만날 수도 없고 만남이 뜻대로 잘 되지도 않는다. 혼자 독립해서 살면 무한

당신이 꿈꾸는 독립은 어떤 것인가요?

독립해서 좋은 점은 무엇인가요?

| 독립해서 나쁜 점은 무엇인가요? | 한 만남이 펼쳐지는 줄로 착각한다. 무한한 만남의 기회가 주어질 거라고 착각하지만 결국은 몇 사람 만나 보지도 못하고 안주하게 된다.

남녀의 만남에서 여자든 남자든 애가 생기면 그때부터 발목을 잡히게 된다. 애를 낳기 전까지 잘 지내지만….

나중에는 만나고 헤어질 때마다 치르는 이별사에 점점 지치게 되고, 집에서 부모님이 결혼하라고 재촉하면 한 사람에게 올인을 해야 한다.

만남의 횟수는 점점 줄어든다. 이 사람, 저 사람, 별 사람 없다는 것을 깨닫게 되는 것이다. 그것이 만남이 주는 교훈이다.

별다른 사람은 없다. 그 사람이 그 사람이고 얼굴보다는 나중에는 마음 편안한 사람을 찾게 된다. 그것을 깨닫는 과정이 만남이다.

얼굴이 아니라 마음이 편안한 사람이 제일이라는 것을 알게 되는 것이 만남의 깨달음일 것이다.

열정

인기를 끄는 강사를 보면 거의 신들린 듯이 강의를 한다. 그 열정에 사람들이 녹아드는 것이다. 그 열정에 최면이 걸려 아무 생각 없이 마냥 재미있는 것이다.

그 사람 자체가 신명이 없으면 다른 사람들이 재미있게 빠져들지 않는다.

신명이 나거나 마음에 흥이 나면 아픈 것도 다 잊고 춤을 추게 된다고 한다. 아픈 사람도 마음에 흥이 나면 엔도르핀이 솟아나면서 지팡이도 던지고 즐겁게 춤을 추는 것 같다.

내 마음에 흥이 나고 그 흥이 다른 사람의 마음까지 훔쳐야 가능하다. 그래야지 재미있다고 사람들의 입소문이 나오는 것이다. 그 사람의 열정이 지루하

■ 열정[熱情]
어떤 일에 열렬한 애정을 가지고 정열을 불태우는 마음.

■ 신명
흥겨운 신이나 멋들어짐.

살면서 한번쯤 마음에 새겨야 할 감정

당신의 열정은 몇 점 인가요?

다는 다른 생각을 못하도록 마비시키는 것이다.
　본인이 확신을 가지고 그것을 즐기는 사람에게는 당해내지 못한다.

각인

재미

어릴 때는 다 재미있다. 세상에 눈 뜨면서 하나하나가 새롭게 시작되는 것이어서 마냥 재미가 있다.
　나이가 들면서 이제는 반복의 일상이라서 새로운 것이 아니면 재미를 느끼지 못하고 지겨워진다.
　언제까지 재미있을까?

내가 가장 좋아하는 취미로 시작했던 것이 먹고 살기 위해서 사업으로 벌이면서부터 그때부터는 더 이상 취미가 재미없는 돈벌이로 전락해 버렸다. 무엇이든지 직업이 되면 더 이상 재미있지가 않다.
　일상에서 스트레스의 탈출을 꿈꾸는 것이 취미인데 직업이 되어 버렸으니, 이제는 스트레스를 갖게 만드니 더 이상은 취미가 아닌 것이다.

■재미
지루하다는 생각 없이 푹 빠져드는 즐거운 기분이나 느낌.

세상에서 당신의 즐거움은 무엇인가요?

몸과 마음이 집중하는 연습을 얼마나 하고 있나요?	요가는 정적으로 흘러가서, 에어로빅처럼 빨리 빨리 다이내믹하게 움직이지 않기에 그렇게 썩 재미있지는 않다. 그런데 사람들은 재미있다고 한다. 　머리로 새로운 것을 추구하는 사람들은 당연히 재미없다. 그러나 몸에서 일어나는 변화를 느끼면서 추구하는 사람들은 재미있어 한다. 　할머니들이나 나이가 좀 드신 주부님들은 요가를 재미있어 하신다. 몸에서 일어나는 변화를 느끼면서 하니까 재미있는 것이다. 몸이 풀리면서 기분이 좋아지고 몸에서 오는 변화를 느끼니까 점점 재미있어 하신다.
재미를 몸과 마음 중 어디서 찾나요?	지금 하고 있는 일에 긴장을 느끼고 집중을 하게 된다면 더 이상 재미없는 것이 아니다. 마음이 함께 하지 않으면 재미없는 것이고 몸이 하는 것에 마음이 함께 하면 그것이 재미있는 것이다. 　재미없다면 혹시라도 내 마음이 다른 곳에 가 있지 않은지 생각해 보라. 당신이 재미있다고 하는 것에 마음이 가 있어야지 그때서야 재미있다고 인식할 수 있는 것이다.

각인

● ● ●

퇴근 후에 가는 곳이 바로 당신이 가장 좋아하는 곳입니다. 게임방이나 영화관, 책방, 술집 등 당신이 그곳에 가야만 정말 휴식을 취했다고 생각하는 것이라야 바로 당신이 가장 재미있어 하고 좋아하는 관심거리인 것입니다.

세상을 재미있게 지내기 위해서 당신이 할 수 있는 것은 무엇인가요?

위로

■ 위로[慰勞]
따뜻한 말이나 행동으로 상대방의 괴로움이라는 감정을 덜어 주거나 슬픔을 아우르면서 달래 줌.

위로는 이런 것이다라고 알려 주는 짧은 이야기가 있다.

아주 인자한 할아버지가 계셨다.
장성한 아들과 딸을 두었는데 누구에게도 손가락질 안 받을 정도로 훌륭하게 혼자서 자식들을 키웠다. 그런데 그 아들이 효도를 한다고 건강검진권을 아버지에게 드렸다.
할아버지는 평소에 아무런 신체적인 이상이 없어서 건강에는 자신 있어 했다. 그런데 검진에서 암으로 판정을 받아 그 온화하던 성격이 완전히 바뀌었다.
다정다감하고 따스한 온화함은 어디로 가고 사람들이 주변에 오는 것조차 싫어했다. 병실에서 간호

각인

사에게 휴지를 던지며 나가라고 고함을 질렀고, 인자한 것과 거리가 멀게 사람이 확 변해버린 것이었다.

어느 날 한 소년이 찾아왔다.

"아저씨, 할아버지 계세요?"

아들은 의아한 눈빛으로,

"할아버지는 왜 찾니?"

"평소에 할아버지께서 저를 많이 예뻐해 주셨는데 병원에 계신다고 해서 찾아왔어요."

아들은 혹시 하는 마음으로,

"그래, 그러면 잠시 들어가 보거라."

10분이 지나고 20분이 지나자 아이가 울면서 뛰쳐나왔다.

"아버지는 도대체 애에게 무슨 일이람. 들여보낸 내가 잘못이야."

병실에 들어가자 눈물범벅인 노인이 있었다.

아들은 밖으로 나와서 소년을 보고는,

"애야, 너 도대체 할아버지에게 무슨 짓을 한 거니?"

소년은 다그치는 아저씨를 보고는 더 서럽게 울면서,

"저는 아무것도 안 했어요. 단지 할아버지 손을 잡고 함께 울었을 뿐이에요."

위로해 본 기억은 몇 번인가요?

위로를 받아본 기억은 몇 번인가요?

위로한답시고 나 혼자서 연설을 한 기억은 없나요?

그런데 그때부터 할아버지는 전처럼 온화하던 성격으로 다시 돌아왔다. 치료도 열심히 받고 간호사에게도 잘 대해 주었다.

많은 사람들은 할아버지를 위로한답시고 자신의 방대한 지식으로 설득하려고 했던 반면에, 소년은 짧은 지식으로 도저히 설득할 수 없어서 그냥 함께 울어 주었던 것이다.

●●●

당신이 생각하는 위로는 무엇인가요?

위로는 많은 말을 하는 것이 아닙니다. 그저 그 사람의 마음속 응어리를 풀어 주거나 줄여 주는 것이 최고의 위로인 것입니다.

그저 그 속마음의 이야기를 들어 주는 것이 최선의 위로가 아닐까요?

분노

화는 참으면 병이 된다. 곧장 풀어야 한다. 마음에 두면 병이 되고 마음에서 흘려버리면 아무것도 아닌 것이 된다.

구르는 돌은 이끼가 끼지 않고 흐르는 물은 썩지 않는다.

화를 참으면 병이 되지만 화를 터뜨리면 주변에 피해를 입혀 돈이 나간다. 술로 풀어도 돈이 나간다. 그리고 술김에 무슨 짓을 할지도 몰라서 더 위험하다.

그렇다면 화를 즐길 수는 없는 것인가?

철학자 소크라테스는 악처를 두었는데 그 악처가 아니었다면 위대한 철학자의 반열에 들지 못했을지도 모른다.

■분노[憤怒]
주체할 수 없을 정도로 몹시 성을 냄.

■화병[火病]
=울화병.

■화[火]
뭔가 못마땅하거나 언짢아서 울컥하는 감정.

하루에 화를 내는 횟수는 몇 번인가요?

스트레스를 푸는 나만의 방법은 어떤 것이 있나요?

스트레스를 피할 수 없으면 즐겨야 한다. 스트레스를 피하려고 하니까 스트레스를 더 받는 것이다.

스트레스라고만 생각하고 피하려고 하지 말고 문제점을 살펴보아야 한다. 오늘 피하고 내일 피해도 계속해서 사람들로부터 짜증 섞인 말을 듣게 되는 것이라면 그것은 피한다고 해서 피할 수 있는 스트레스가 아니다.

그 사람이 문제점을 지적하는 것이 나에게 있는 것인가? 아니면 그 사람 자체가 원래 화를 잘 내는 것인가?

나에게 문제가 있으면 반드시 고쳐야 한다. 그것은 스트레스가 아니다.

사회생활을 통해서 돈을 벌려면 반드시 고치려고 노력을 해야 한다. 미안하지만 여기서 못 고치면 다른 곳에서도 똑같은 그런 문제로 또 고생을 하게 될 것이다.

자신의 성질을 못 이겨서 직장을 그만두는 사람은 어디 가서도 마찬가지이다. 문제점이 해결된 것이 아니라 문제점을 도피해서 직장을 그만둔 것이다. 그것은 자신에게 문제가 있는 것이다.

그것 때문에 불만이어서 직장을 그만두었는데 또 그런 문제가 생겼다면 스트레스의 원인은 나한테 있

각인

는 것이다. 불만이 나한테 오는 것도 있으니까 차분하게 잘 살펴봐야 한다.

내가 원인인데 회사를 그만둔다고 해결되나? 때려죽여도 단체생활에서 적응이 안 되는 사람도 있다. 그러면 혼자서 돈 버는 일을 찾아야 한다.

노력해도 안 되는 것은 스트레스의 대상이 아니다. 노력해도 안 되는 것은 누구에게나 있다. 안 되는 것은 역시 안 되는 것이다.

자신의 단점으로 상대방의 단점을 이해하고 감싸주라고 하늘은 누구에게나 예외 없이 단점을 주었다. 그럴 때는 자신의 단점을 먼저 용서하고 포기하는 것을 배워야 한다. 대신에 장점은 더 부각시켜야 한다.

단점은 누구에게나 있으므로 노력해도 안 되는 단점은 더 이상 마음에 두지 말자. 그러나 노력을 안 해 본 단점이라면 미련이 남지 않도록 노력해 보고 나서 포기해도 늦지 않는다. 그리고 그 단점을 잘 간직하라.

내게는 아무것도 아닌 것이 다른 사람에게는 치명적인 단점이 될 수 있고, 그 사람에게는 아무것도 아닌 것이 내게는 죽고 싶을 만큼 큰 단점이 될 수도 있다.

짜증의 대상이 남인가요, 나인가요?

화만 내고 끝내지 않으려는 나의 노력은 무엇인가요?

■짜증
마음에 들지 아니하
여 울컥하는 심정.

완전무결하면 남의 아픔도, 남의 단점도 이해할 수 없기에 그 사람은 더 이상 성장할 수가 없다.

나의 단점으로 상대방이 극복하기 힘들어 하는 단점을 바라볼 수 있는 사람이 되어라. 그러면 당신은 누구라도 이해하지 못할 사람이 없을 것이다.

나에게 문제점이 있어서 지적당하는 것은 고치려고 노력하고, 노력해도 안 되는 치명적인 단점은 장점으로 보완하고, 주변 사람들에게 이해를 시키도록 한다. 그래도 주변에서 안 받아 주면 걱정하지 마라! 혼자서 할 일도 얼마든지 있으니까 그것을 찾아내면 된다.

세상의 화나는 일은 자신이 다 짊어진 사람처럼 주변 사람을 피곤하게 만드는 사람이 있다.

당신의 부하직원이면 혼내라!

당신의 상사면 참아라!

나는 저러지 말아야 한다고 다짐하라!

그 사람을 거울삼아서 혹시 나는 저러지 않았나 하고 반성하고 자신을 잘 살펴보라!

주변에 그런 사람이 있으면 그 사람을 보고 간접경험을 통해서 자신의 내면은 더욱 성숙될 것이다. 그러한 간접경험을 통해서가 아니라면 바로 내가 직

각인

접경험을 통해서 깨달아야 하는데 그러기엔 인생은 짧고 너무 피해가 많지 않겠는가?

　주변에 피해자가 있으면 그 피해자를 보고 경계로 삼아 대비하면 너무 깊이 상처를 입지 않게 되니까 오히려 그 사람에게 고마워하라.

　화를 내고 스트레스를 주는 사람의 말로를 지켜보라! 그리고 가슴속에 새겨라!

　화를 잘 내다 보면 주변에 사람이 없어서 외로움을 많이 탄다는 것을 그 자신도 잘 알고 있다. 그리고 주변에 사람이 거의 없다는 것을 잘 아니까 돈을 잘 쓴다. 그래야지 주변에 사람들이 한 명이라도 붙게 된다. 그러나 돈을 안 쓰면 다 떨어져 나갈 사람들이다. 성질도 더러운데 돈마저 안 쓰면 누가 옆에 있겠는가?

　3명이 함께 길을 가면 꼭 한 사람은 나에게 가르침을 주는 스승이 있다.

　항상 깨어 있으라!

　무언가 가르침을 주는 사람은 꼭 있게 마련이므로 깨어 있는 사람은 하나라도 건질 수 있다.

번번이 부딪치는 스트레스의 실체는 어떤 것이 있나요?

혹시 주변 사람에게 스트레스를 풀고 있지는 않나요?

● ● ●
단점과 장점은 항상 공존합니다.
혹시 내가 저러지는 않았는가? 저런 점은 절대 배우지 말아야겠다고 반성하면서 나를 되짚어 보고 확고히 다짐을 하게 되면 단점 또한 배울 점입니다.
그래, 내가 왜 저런 것을 몰랐을까? 저런 점은 내가 꼭 배우고 익혀야겠다고 하면 장점 또한 배울 점인 것입니다.

4장
피할 수 없는
　　　만남과 이별

── 각인 ──

본능

살기 위해서는 항상 본능이 필요하다. 식욕, 성욕, 수면욕, 그 이외에 여러 가지 본능은 꼭 필요하다. 이유는 단 한 가지, 살기 위해서이다.

이 중에서 문제가 되는 것이 식욕과 성욕이다.

예전에는 살기 위해서 먹었는데 이제는 먹기 위해서 사는 사람들이 많이 있다. 먹는 즐거움을 누리다 보니까 그것에서 오는 부작용이 발생하게 되는데 그게 비만이다.

지나치면 병이 되는 것이다. 식욕의 노예가 되면 다이어트에 막대한 돈을 들여야 한다.

성욕도 지나치면 안 되는 것이다. 책임질 수 없는 성욕은 인간성을 파멸시킨다. 양심을 저버린 성욕은 젊음을 감방에서 보내게 할 수도 있다.

자위도 필요하다. 위대한 철학자들도 자위로 성

■본능[本能]
경험이나 교육에 의하지 않고 선천적으로 타고난 충동이나 동작.
내 의지와는 상관없이 몸에서 살기 위해서 일어나는 작용들로 호흡, 배설, 수면, 감정 등 몸에서 일어나는 여러 가지 변화들.

> 본능에 충실한 편인가요? 점수를 준다면 몇 점인가요?

욕을 해결했다고 한다. 그것은 어쩔 수 없는 본능이기 때문에 아무리 위대한 철학자라도 성욕은 시시때때로 일어난다. 스스로 자위를 해서 순간순간 일어나는 성욕을 감소시키는 방법도 하나의 좋은 방법이다.

젊어서 성욕이 안 일어나면 그것은 성불능일 수도 있다. 오히려 그게 더 이상하다. 그러나 성욕이 일어난다고 동물처럼 아무에게나 겁 없이 달려들면 결국 가게 되는 종착지는 감방이다.

나이가 들어서도 성욕이 사라지는 것은 아니다. 호르몬의 감소로 몸이 조금 덜 지배를 받는 것뿐이다. 그래서 쾌락도 젊은 시절만큼 '이대로 죽어도 좋다' 하는 강도 높은 천국과도 같은 큰 쾌락을 주는 것은 아니다. 그래서 조금은 성욕으로부터 자유로워지는 것이다.

> 먹기 위해서 사나요? 살기 위해서 먹나요?

식욕의 노예가 되면 비만으로 고통을 받게 될 것이고, 성욕의 노예가 되면 양심 때문에 고통을 받게 될 것이다.

애인과의 사랑을 통해서 성욕을 채울 수도 있겠지만 안 그러면 자위라도 해서 성욕을 잠재워라! 본능에 충실하여 양심을 저버린 동물이 되면 안 될 것이다.

매력

매력 중에 가장 큰 매력은 상대방을 칭찬하는 것이다.

칭찬은 고래도 춤추게 만든다.

구조견으로 훈련받은 개가 지진 때 살아 있는 사람을 한 사람도 찾지 못하자 의기소침했다고 한다. 아무리 칭찬을 해 주어도 소용이 없었다. 우울해서 밥도 먹지 않았고, 그대로 두면 결국은 굶어 죽을 것 같아서 기발한 생각을 해냈다.

그래서 일부러 살아 있는 사람을 건물에 파묻힌 것처럼 꾸며서 그 구조견이 실종자를 찾아내게 만들었다. 구조견은 그제야 자신의 할 일을 했다는 뿌듯함에 밥도 먹고 활기를 되찾았다고 한다.

■ 칭찬[稱讚]
상대방의 좋은 점이나 매력적인 부분이나 훌륭한 일을 높이 평가하여 표현을 함.

나의 매력 세 가지는 무엇인가요?

■ 매력[魅力]
사람의 마음을 사로잡는 힘.

개발하고 노력해서 얻은 매력이 있다면 무엇인가요?

칭찬은 하루에 몇 번이나 하나요?

개도 삶의 의욕을 못 느껴서 우울증에 걸려 그런 감정을 표현한 것이다.

매력은 타고난 것도 있지만 개발하는 것이 더 많이 있다.

어릴 때 얼굴이 그대로인 사람은 거의 없다. 그만큼 유지하는 것이 힘들다. 삶에 찌들리다 보면 얼굴도 찌들리는 것이다.

매력은 개발을 해야 한다.

그런데 결혼해서 한 가정이 있는데도 불구하고 너무 매력 있어도 문제이다. 매력은 사랑하는 사람이 볼 때 좋은 것이지 다른 사람들이 볼 때도 매력이 있으면 그 매력 있는 사람과 함께 사는 사람은 피곤하고 힘들어진다.

남이 볼 때 부러워 보이지만 그 매력 있는 사람을 감시하고 지켜보느라 함께 사는 사람은 피곤해진다. 처음에는 매력적이어서 결혼했지만 살아 보니 행여 바람을 피우지 않을까? 나 몰래 어떤 짓을 하는 것은 아닐까? 의처증과 의부증은 매력 있는 사람을 둔 아내와 남편에게 주어진 형벌이다.

아무리 좋은 매력을 지닌 사람과 함께 살아도 세월 앞에는 시들해지기 마련이다. 얼굴은 잘생겼는데 인상이 왠지 험악해서 꺼려지는 사람도 있다. 반면

각인

에 얼굴은 못생겼는데 푸근한 사람이 있다.
첫인상은 별로였으나 살아가면서 끝이 좋은 사람이 더 좋다. 최후에는 온화하게 생긴 사람이 매력 있는 사람이다. 그 온화함은 마음의 수양에서 오는 것이다.

거울에 비치는 당신의 온화함에 점수를 준다면 몇 점인가요?

배신

■ 배신[背信]
믿음이나 의리를 깨뜨리거나 저버림.

양심에 죄책감이 들도록 배신해 본 기억이 있나요?

　배신해서 잘 사는 사람은 거의 못 본 것 같다. 소문이 돌고 돌아서 배신한 사람과 같이 일을 하려는 사람은 거의 없다. 그러나 배신을 하도록 각본을 만들어 놓고 배신했다고 하면 곤란한 경우가 있다.
　예를 들어서 자르려고 이미 마음을 먹고 있는데 먼저 눈치 채고 나가도 배신이라고 생각하는 경우도 있다. 자신이 자르는 것은 배신이 아니고 자신이 자르기 전에 선수 쳐서 나간 것을 배신이라고 말하는 사람도 주변에는 많이 있다.
　자신이 좀 더 잘 먹고 잘 살기 위해서 배신을 했지만 양심에 꺼리는 배신은 두고두고 마음에 걸린다. 양심에 꺼리는 배신은 죄책감 때문에 절대 잘 될 수가 없다.
　그러나 대부분의 사람들은 상대방이 자신을 배신

각인

하는 것만 기억하고 있지 내가 상대방을 배신하도록 유도한 것은 잘 모르는 경우가 많이 있다.

배신하지 않도록 지키는 것은 힘들다. 배신을 하도록 내버려 두는 것이 오히려 관리하는 것보다 더 편하다.

배신은 가급적이면 하지 않는 것이 좋지만 배신을 할 수밖에 없는 상황에 처할 수도 있다. 독점은 없다. 세상은 혼자서 독점해서 사는 것이 아니라 더 나은 제품을 개발해서 남들보다 더 나은 방법으로 살아남아야 한다.

내 품에 있는 자식도 때가 되면 떠나는데 그것도 배신인가? 때가 되면 모두 떠나는 것이다.

배신하고 떠나는 것이 두려우면 사장 자리를 물려주고 당신이 회장이 되어라! 그럴 용기가 없으면 배신이라는 말은 쓰지 마라!

내게 더 이익을 주니까 데리고 있는 것이지 인간적으로 좋아서 데리고 있는 것은 아니지 않은가?

인간적으로 모든 것을 다 주었는데도 그것을 거부하고 미련 없이 돌아섰을 때 배신이라는 단어를 한번 생각해 보겠지만, 내 돈을 불려 주었는데 떠나게 되면 이익이 당장 줄어들어서라는 생각이 먼저

> 자다가도 치를 떠는 배신을 당해본 기억이 있나요?

> 배신당하지 않기 위해서 당신이 해야 할 것은 무엇인가요?

> 사소한 것에 배신이라는 단어를 붙이는 경우, 어떤 것을 어겼을 때인가요?
> 예) 믿음, 우정

들었다면 그것은 배신이 아니다.

다른 곳에 가는 이유가 여기보다 더 대우가 좋거나 수입이 좋아서 가는 거라면 급여를 더 올려주면 되지 않은가? 지금의 상황보다 더 좋은 조건을 제시하면 누가 떠나겠는가? 좋은 조건을 제시했는데도 떠난다면, 그때 배신이라는 말을 조심스럽게 생각해 보아야 한다.

자신을 떠나면 무조건 배신이라고 하는데 자신을 떠나도록 상황을 만들어 준 것은 배신하도록 권고한 것이다.

고생

고생은 젊어서 하는 것이 좋다. 나이가 들어서 고생하면 체력의 회복이 어렵다.

젊어서 고생을 해서 기술을 익히는 것은 빨리 습득할 수 있어서 좋다. 먹고살 수 있는 기술을 하나는 가지고 있어야 한다.

젊어서 경험을 다 해 보면 나이가 들어서 굳이 고생을 해서 경험할 필요가 없다. 이미 겪었기 때문에 굳이 더 이상 할 필요가 없는 것이다.

살면서 대부분의 사람들이 겪어야 하는 것이 있다. 절대 피할 수 없는 숙명처럼 겪어야 하는 것은 다 있다. 그런데 그것을 젊어서 미리 겪으면 좋지만 나이가 들어서 나중에 겪게 되면 회복이 불가능하다. 바람도 늦바람이 더 무섭다고 하지 않은가?

그래서 젊어서 고생은 사서도 한다고 했다. 젊어서 돈을 잃으면 회복은 가능하다. 그런데 나이가 들

■ 고생[苦生]
어렵고 힘든 고된 일을 겪는 것.

세상에서 제일 고생스러운 것은 무엇이라고 생각하나요?

살면서 한번쯤 마음에 새겨야 할 감정

늙어서 고생하지 않기 위해서 준비해 두는 것은 무엇인가요?	어서 사랑에 빠지고, 도박을 하고 모든 것을 잃었을 때 더 이상 벌 수 있는 기력이 없다. 언제인가는 겪어야 할 거라면 젊어서 미리 겪는 것이 좋다. 그래야 회복이 가능하다.

나이가 들어서 군대에 가면 더 힘들고, 나이가 들어서 출산을 하면 더 힘들다. 나이가 들어서 막노동을 하기도 더 힘들고, 나이 들어서는 공무원 되기도 힘들다. 나이 들면 머리도 안 따라 주어서 외워도 잘 잊어먹는다. 공부도 젊어서 하고 자격증도 젊어서 따야지 더 좋은 직장을 고를 수 있는 것이다.

젊어서 아르바이트로 막노동을 해서 고생을 해 본 사람은,

태어나서 제일 힘들었던 몸으로 체험한 고생은 무엇인가요?

"막노동은 힘들어. 그러니까 공부를 해서 더 편안한 직장을 얻을 거야. 막노동에 비하면 공부가 오히려 더 쉬우니까. 기술자격증을 따서 더 나은 직장을 얻어 보자!" 하는 생각을 불태우게 된다.

고생은 더 나은 직장을 얻게 해주는 강한 욕망을 부채질한다.

젊어서 몸으로 하는 고생을 해 봐야 "그래, 안 배우면 몸으로 때우는 직장밖에 구할 수 없구나" 하는 것을 뼈저리게 느끼게 된다.

사무실에 앉아서 몸을 덜 쓰는 직장이 훨씬 편안해 보이고 부러움의 대상이 되면서 동경을 하게 된

다. 그렇게 월급이나 대우의 서러움을 뼈저리게 느꼈다면 기술자격증을 따서 다른 직장에 갈 수도 있는 것이다.

고생해 본 사람은 '공부가 그래도 제일 쉽다'는 생각을 하지만 고생하기 전까지는 공부가 제일 쉽다고 생각하지 못한다. 그래서 집에서 '오냐오냐' 애지중지하는 것보다 아빠와 엄마가 고생하는 것을 지켜봐야 돈도 헛되게 쓰지 않고 공부도 열심히 하게 된다. 그것이 바로 산 교육이다.

> 몸과 마음고생 중에 더 힘들다고 생각 되는 것은 무엇인가요?

> 각인해 봐야 할 마음고생은 무엇인가요?

경험

■ 경험[經驗]
자신이 실제로 몸으로 부딪혀서 해 보거나 겪어 봄.

경험하는 것을 두려워하고 있지는 않은가요?

세상에는 두 가지가 존재한다.

책 속에 있는 지식, 또 하나는 내가 몸으로 익혀 배우는 지식이 있는데 바로 경험이다.

책 속에 있는 것이 아직은 내 것이 아닐 수도 있지만 책 속에 있는 기술을 내 몸으로 배우고 익히면 완전히 내 것이 될 수 있다.

그렇게 해서 책 속에 있는 지식을 자유자재로 활용하는 것이 곧 지혜이다.

각인

입장

상대방의 입장을 바꾸어서 생각할 수 있는 사람은 배려심이 많은 사람이다. 상대방의 입장을 생각조차 하지 않는 사람은 그 비슷한 경험을 전혀 해 보지 못해서 이해조차 할 수 없는 것이다.

잘못된 일이 있으면 변명하지 말자. 변명하는 순간부터 더 이상 발전은 없다.
나이 많은 사람이 뭐라고 꾸짖으면 듣자마자 화를 내는 사람이 있는데, 죄송하지만 당신 인생의 발전은 거기까지다. 더 이상은 인생의 발전은 없다.
당신이 멱살을 잡으면서 싸우려고 드는데 겁나서 누가 충고해 줄 수 있겠는가? 그러니 말문을 닫게 되는 것이다.
'저 사람은 말해도 소용없어!' 하고 판단을 내렸을

■ 입장[立場]
=처지(處地)
현재 처하여 당면하고 있는 상황.

■ 변명[辨明]
어떤 잘못이나 실수로 인한 위급한 상황을 벗어나려고 핑곗거리를 대거나 구실을 대며 그 까닭을 말해서 입장을 표현하는 것.

상대방의 입장을 헤 아리는 점수는 몇 점 인가요?

상대방의 입장에 다 가가려고 노력하는 편 인가요?

때 발전의 가능성이 없는 사람에게는 모두가 말문을 닫고 무관심해진다. 그리고 소외당하게 되는 것이다.

혹시라도 내가 몰랐던 부분을 제3자가 보았을 때 내가 고쳐야 할 것이 있다면 다행이다. 마음은 불편하겠지만 다 들어 보고 고쳐야 할 부분을 다시 정리해 보자. 그리고 살면서 자신을 보완하는 기쁨을 느껴 보자.

사람은 평생 동안 배우면서 자신을 업그레이드하면서 살아간다. 그래서 책도 읽고, 다큐멘터리도 보고, 동물의 왕국도 보면서 자신을 돌아보는 것이다.

이 세상에서 더 이상 배울 것이 없다면 자신을 발전시킬 수 있는 기회가 박탈된 것이다.

충고는 겸허하게 받아들일 수 있는 가능이 있는 사람에게만 주는 채찍질이다. 인상이 안 좋거나 마음의 배려가 없는 사람에게는 절대로 하지 않는 것이기에 감사하게 받아들이자.

더 이상 배울 것이 없다는 사람은 오만한 자이다. 오만하니까 자신보다 더 뛰어난 자가 없는 것이다. 세상은 배울 점이 널려 있어도 그런 오만한 생각을 가지고 있으면 더 이상은 발전이 안 되는 정말

각인

불쌍한 사람이다.

착각의 벽이 허물어질 때 얼마나 인생이 공허해지고 허탈해지겠는가?

변명을 자주 하는 편인가요?

충고

■ 충고[忠告]
남의 결점이나 잘못을 보고 외면하지 않고 가능성 있어 보이는 사람에게 진심 어린 마음으로 타이름.

상대방이 충고하는 것을 두려워하나요?

　남을 충고할 수 있는 사람은 대단한 사람이다. 남을 진심으로 생각해서 하는 충고는 정말 옳은 일이고 훌륭한 사람이다.

　그러나 혹시 자신을 알아주기를 바라는 마음에서 충고하거나 내가 남들보다 더 똑똑하다는 생각을 품고 충고하는 마음을 갖지는 않는가? 남을 지적해서 상대방의 가치를 떨어뜨려 상대적으로 자신을 더 돋보이게 하려고 교묘한 탈을 쓰고 충고라고 착각하고 이야기하는 것은 아닌가?

　그것은 지적이지 충고가 아니다. 착각하지 말자!

　그리고 화가 나서 내 감정을 이기지 못하고 정리도 안 된 생각으로 상대방의 잘못된 점을 욕하듯이 비꼬아 퍼붓는 것은 충고가 아니다. 그것은 독설이다.

　충고는 진심으로 상대방을 위해서 안타까운 마음

으로 하는 것이다. 그 사람을 아끼는 마음으로 충고를 해야 한다. '이것만 좀 고치면 정말 더 발전을 할 텐데…' 하는 진실된 마음으로 하는 것이 충고이다.

그리고 여러 사람 앞에서 충고하는 것은 그 사람을 죽이는 것이다. 둘이서 조용한 공간에서 상대방에게 충고하라. 아무리 옳은 이야기도 상황에 따라서 받아들이는 입장이 달라지게 마련이다.

여러 사람들 앞에서 충고를 하는 것은 상대방의 잘못을 사람들에게 공개하는 것이라서 오히려 충고가 아니라 여러 사람 앞에서 상대를 생매장하는 경우가 될 수 있음을 명심하자. 그때는 충고가 아니라 다른 사람 앞에서 저주를 내린 것이나 다름이 없음을 알아야 한다.

충고를 받아들이는 사람은 정말 대단한 사람이다. 언제든지 자신의 발전을 위해서 노력하겠다는 의지가 있는 사람이다.

자신의 잘못을 깨달아야 가능하다. 그리고 인정하기 싫지만 자신의 잘못된 점을 인정할 줄 아는 용기가 필요하다.

남이 충고해 주는데 마음이 편안한 사람은 한 사람도 없다. 그 순간은 인생이 무너지는 것같이 비참

> 상대방의 충고를 기분 나쁘게 받아들이나요? 얼마나 많이 고치려고 하나요?

> 상대방에게 안 좋은 점이 있으면 진심어린 충고를 하는 편인가요?

| 살면서 한번쯤 마음에 새겨야 할 감정

진심 어린 충고 중에 감사한 것이 있다면 무엇인가요?

하지만 다음에 또 그런 비참함을 겪지 않으려면 반드시 고쳐야 한다. 잘못된 점을 고치고 나면 자신에게 크나큰 발전이 있는 것이다.

충고를 받아들이는 사람은 언제든지 깨어 있어야 가능하다. 언제든지 새로운 것을 받아들이고 삶을 더 발전시키려고 애를 쓰는 사람이다.

● ● ●

상대방이 충고를 받아들이지 않을 때의 심정은 어떠한가요?

더 좋은 인생을 위해서, 더 나은 삶의 향상을 위해서라면 언제든지 더 나은 삶으로 변화하겠다는 마음가짐이 뒷받침되어야 합니다. 변화를 받아들이겠다는 다짐이 밑바탕에 깔려 있어야 충고도 기꺼이 받아들일 수 있는 것입니다.

충고로 발전하는 사람은 진정으로 용기 있는 사람입니다.

남자가 여자보다 빨리 죽는 이유는?

남성의 단명 요인으로 남성과 여성의 성적 메커니즘의 차이 때문이라는 사람도 더러 있다.

여성에겐 일생 동안 생산하는 난자 수가 제한되어 있고 난자가 더 이상 생산되지 않는 폐경기가 엄연히 존재한다. 폐경기가 지나면 자손의 생산 능력은 없어지게 되는 것이다.

그러나 남성의 정자는 평생 동안 생산되며 아무리 나이가 많아도 사정을 할 수 있다. 70살 먹은 할아버지가 자식을 얻었다는 말은 있지만 60살 먹은 할머니가 애를 낳았다는 말은 거의 없다.

남자는 그렇게 평생 동안 사정을 하기 때문에 수명이 짧아졌다는 말이 있다.

실제로 거의 대부분의 생물들은 사정을 한 후 수컷의 수명이 암컷에 비해 현저히 짧으며, 어류나 곤

오래 살기 위해서 당신이 하는 것은 무엇인가요?

당신이 생각하는 남자가 빨리 죽은 이유는 무엇인가요?

당신은 고민을 어떻게 해결하나요?

충 같은 경우 암컷에게 사정한 후에 곧바로 죽는 종류들도 굉장히 많다.

남자에게는 혼자 해결하려는 문화가 존재한다. 남자는 자신의 고민을 대화를 통해서 남과 나누는 것을 회피하거나 몸에 안 좋은 담배나 술로 스트레스를 풀려고 하는 경향이 있다.

여자의 경우 고민이 있을 때 다른 친구와 수다를 떨면서 그것을 통해 스트레스를 해소하는 반면, 남자는 그런 고통을 자신이 짊어져야 할 문제라고 생각하고 감내하면서 해결하려고 한다.

우울증에 많이 걸리고 자살 시도를 더 많이 하는 것은 여자지만, 실제 자살로 이어지는 것은 남자가 더 많다고 한다.

당신의 수다 상대는 누구인가요?

남자는 단체생활을 통해서 음주, 흡연 등 안 좋은 환경에 더 많이 노출된다.

실제로 예전에는 담배와 술을 하지 않으면 사회생활이 불가능한 때도 있었다. 술과 담배를 해야만 사업이 유지가 되는 경우도 있었다.

요즈음은 음주·흡연을 줄여서 남자의 수명도 많이 연장되었다는 통계도 있다.

── 각인 ──

음주나 흡연을 줄인다면 여성의 평균수명만큼 연장될 수도 있을 것이다.

효도

■ 안부[安否]
어떤 사람이 편안하게 잘 지내는지 인사로 확인하거나 물어보거나 전하는 소식.

이 부분에서는 부모님에 대한 안부에 대해서 이야기를 해볼까 한다.

후회는 항상 늦는데 그 중에서도 부모님 살아생전에 저지른 불효에 대해 후회를 하게 된다.

자신이 부모가 되어 보니까 자기 자식들에게 느끼는 섭섭함이 그대로 묻어나는 것이다. 내가 이렇게 했으니 내 부모님은 얼마나 섭섭했을까? 내가 이렇게 고통스러운데 내 부모님은 나 때문에 얼마나 마음속으로 피눈물을 흘리셨을까?

부모님께 안부 전화는 일주일에 몇 번이나 하나요?

자신이 자식을 키우면서 내 뜻을 몰라 주는 자식을 보니까 한없이 가슴이 무너지더라. 그럴 때 나도 그랬는가? 하고 돌아보게 된다.

살아 계실 때는 나중에 잘해 드려야지 마음먹는

각인

다. 나중에….

나중에 더 잘해 드려야지 하지만 부모님에게 나중은 없다.

지금 안부를 물어 보아라! 나의 나중은 있지만 부모님의 나중은 오늘이나 내일, 밤새 안녕이 될지도 모르는데…. 그래서 부모님에 대한 후회가 가장 크고 많은 것 같다.

같은 하늘 아래 함께 살고 있다는 생각만으로도 행복할 수 있지만 가까이 볼 수 없어서 안타까운 마음이 들기도 한다. 또한 같은 하늘 아래 함께 호흡할 수 없다는 것만으로도 살아 계셨을 때 좀 더 효도하지 못한 것이 후회되는 것도 부모님이다.

후회하지 않기 위해서 지금 당장 해야 할 것은 무엇인가요?

●●●

효도가 별 것 아닙니다. 안부전화를 하는 것도 효도입니다. 안부를 자주 물어 보는 것도 부모님에게는 큰 힘이 되는 것입니다.

■ 효도[孝道]
부모를 정성껏 섬기는 일.

살면서 한번쯤 마음에 새겨야 할 감정

미움

■미움
미워하는 마음.

■불평[不平]
마음에 들지 아니하여 못마땅하게 여기는 바를 말이나 행동으로 드러냄.

　남을 탓하고 불평한다고 해서 달라지는 것은 아무것도 없다. 달라진다고 하면 얼마든지 불평하고 원망을 하자! 그러나 불평을 하기보다는 자신의 생각을 솔직하게 상대에게 말하는 것이 좋다. 조용히 단 둘만의 충고도 좋다.
　그러나 거기까지이다. 더 이상 바라지 마라. 기대에는 실망이 따르기 마련이다.
　상대방이 내 뜻대로 변하지 않는다거나 내 의견을 받아들이지 않는다고 해서 불평하지 말자. 상대가 아직은 받아들일 때가 아닌 것이다.
　내 몸에 달린 내 몸뚱어리도 내 뜻대로 안 되는데 왜 남의 몸뚱어리를 내 뜻대로 안 된다고 불평하며 난리인가? 우리는 제3자의 입장에서 지켜보면서 말하지만 그게 단점인 줄 알면서도 고치지 못하는

각인

본인은 오죽 답답할 것인가? 남에게 지탄받을 것을 뻔히 알면서도 그렇게 안 되는 그 사람의 마음은 얼마나 타들어갈 것인가?

나에게는 아무런 문제가 되지 않지만 그 사람에게는 죽음의 문턱까지 갔음에도 안 되는 것일 수도 있다. 그러나 그 사람에게는 아무런 문제가 되지 않는 것이라 할지라도 나에게는 자살까지 생각해 본 문제일 수도 있다는 점을 잊지 말자.

원망해도 달라지는 것이 없다면, 원망해도 함께 살아야 하는 것이라면 조금 더 가련한 마음으로 상대방을 바라보라!

하늘은 모두에게 안 되는 부분을 주었다. 그것은 내가 안 되는 부분을 경계로 삼아서 상대방을 배려할 수 있는 여지를 남겨두었다.

그리고 내가 완벽하지 않음에 감사하라!

내가 완벽했으면 남의 결점을 죽을 때까지 이해할 수 없고, 또한 내 앞에는 항상 벽이 가로막고 있어서 더 이상 남들이 내게 다가올 수 없을 것이다.

나의 결점에는 관대하면서 남의 결점은 절대 용서할 수 없다면 지독한 이기주의자이다. 나의 결점을 염두에 두고 남의 결점을 덮어 주고 이해하려는

> 용서할 수 없을 정도로 미운 사람은 누구인가요?

> ■ 원망[怨望]
> 뭔가 못마땅하게 여겨서 남을 탓하거나 불평을 품고 미워함.

살면서 한번쯤 마음에 새겨야 할 감정

하루에 몇 번이나 투덜거리나요?

내가 하는 실수에는 관대하면서 상대방은 용서하지 못하는 성격은 아닌가요?

마음이 중요하다.

마음껏 원망하라! 내 마음에 그림자가 드리워져서 내 몸이 아프고 우울해질 때까지. 그래야지 알 수 있는 인간은 갈 때까지 가 보아야 비로소 깨달을 수 있다.

그러나 현명한 사람은 남을 원망한다 한들 달라지는 것은 아무것도 없다는 것을 알고 있다. 원망하는 마음을 품고 있어 봤자 자신만 울화병에 걸려서 손해라는 것을 아는 사람은 원망하는 마음을 오래 가지고 있지 않는다.

현명한 사람은 '혹시 나도 남에게 저런 원망을 사는 행위를 한 적은 없는지' 늘 자신을 경계하면서 돌아본다. 타인에게 원망을 받는 사람이라면 얼마나 인생을 헛살았는지를 깨달아야 한다.

타인의 감사하는 마음이 조상님의 공덕을 쌓게 해서 더 좋은 곳에서 살게 하는 것이라면 타인의 원망과 저주는 나쁜 아니라 내 자식의 앞길을 막는 원인임을 잘 알아야 한다.

반성

항상 반성하라!
나를 돌아보고 반성하라!
일기를 쓰면서 반성해도 좋다.
자신의 하루를 돌아보고, 자신과 사람들과의 관계를 돌아보고, 사람들과의 사이에 가로막고 있는 벽의 원인을 찾아야 한다.
인간관계에서 오는 답답함이 나의 부족함에서 오는 것인지 아니면 타인에게서 오는 것인지, 나에게서 오는 것이라면 내가 어리석고 속 좁은 것은 아닌가? 스스로 자신에게 물어 보아야 한다. 타인의 잘못이면 혹시 나는 저렇게 행동하지 않았는가? 반성하고, 나는 그와 같이 행동하지 말아야 한다는 것을 다짐해야 할 것이다.

■반성[反省]
자신의 언행에 대하여 잘못이나 부족함이 없는지 돌이켜 봄. 감정을 추스르는 행위.
타인의 단점과 장점을 거울로 삼아서 자신을 돌아보는 행위.

하루에 몇 번이나 반성하는 기회를 가지나요?

| 일기를 통해서 배울 수 있는 것은 무엇인가요? | 타인에게 나쁜 점이 발견되면 나도 혹시 그처럼 행동하지 않았나 하고 깊이 반성하고 경계로 삼아야 합니다. 그것 또한 가르침을 주는 좋은 본보기가 됩니다. |

따뜻함

따뜻함은 마음의 수양에서 오는 내면의 표출이다. 상대방이 알아차리는 그 사람 특유의 마음 수양에 따른 깊이이다.

주변을 따뜻하게 하는 사람이 되어라!

어떤 사람이 나타나면 분위기가 갑자기 냉랭하면서 어색해진다. 그리고 어떤 사람이 나타나면 분위기가 포근해지면서 화기애애해진다.

혹시 내가 오면 하던 이야기도 잘 하지 않는 것은 아닌가? 혹시 내가 사람들의 이야기에 시비를 건다거나 짜증나는 잔소리를 늘어놓고 남을 욕하지는 않았나? 나와 같이 있으면 사람들 사이에 어색한 침묵이 흐르지 않는가?

그러면 나에게 상대방을 배려하는 마음이 부족할 수도 있는 것이다.

■따뜻함
감정, 태도, 분위기 따위가 정답고 포근한 느낌.

나는 대화 중에 얼마나 솔직한가요?

> 혹시 내가 오면 대화가 끊기지는 않나요?

상대방의 대화가 자주 끊긴다면 맞장구를 쳐주는 나의 배려심이 부족하기 때문이다. 상대방을 향한 나의 미소가 부족하거나 상대방의 이야기만 듣다 보면 대화가 자주 끊길 수 있다.

상대방이 솔직하게 이야기할 때 나는 오히려 나를 포장하고 단점을 꽁꽁 숨기려 하지 않는가?
상대방이 자신의 부족한 점을 솔직하게 드러냈는데 나는 상대방의 단점을 듣기만 하고 '아! 너도 똑같은 사람이구나! 너도 별 것 없구나!' 하고 마음속으로 쾌재를 부르고 즐기기만 한다면 그 사람은 괜히 자신의 부끄러운 단점을 드러낸 것 같아서 당신을 더 이상 보고 싶어 하지 않을 것이다. 물론 서로가 더 깊은 사이가 될 수도 없다.

> 주변에 나타나면 대화가 끊기는 사람은 몇 명인가요?

"그래! 맞아. 나도 그런 일이 있었어."
그러면서 나의 비슷한 이야기도 들려주면서 대화하는 친구는 내내 상대방으로부터 '그래! 나는 혼자가 아니었어. 너 같은 친구를 두어서 나는 감사해' 하며 마음속으로 진실한 우정을 교감하게 되는 것이다.
일방적으로 나의 부족한 점을 말하는 사이는 그렇게 편안한 대화 상대가 아니다. 그것은 대화 상대가 아니라 고해하는 사이이다.

각인

● ● ●

한겨울의 따뜻한 햇살이 얼어붙은 눈을 소리 없이 녹이듯이 따뜻한 미소는 상대방의 얼어붙은 마음을 소리 없이 녹이는 열쇠입니다.
따뜻한 미소를 머금은 그런 사람이 되어 봅시다.

나는 하루에 잔소리를 얼마나 하는 편인가요?

허무

■ 공허[空虛]
내 영혼이 허전하고 텅 빈 듯한 감정.

세상을 살면서 누구나 반드시 허무함을 느낀다. 왜 허무할까?

필자도 허무함을 느끼며 삶과 죽음에 대해서 알고 싶어서 발버둥쳤다.

등 따습고 배가 부른데 왜 공허함이 찾아올까?

그것은 우리 몸에 영혼이 있어서 그런 것이다. 육체의 배부름은 물질로 채웠는데 정신적인 허기는 물질로 채울 수 없기에 허무하고 공허한 것이다.

반면에 산 속에서 수도하는 도인들은 물질적으로 많이 소유하지 못해도, 또한 종교를 믿는 분들도 풍족하게 누리지 못해도 정신적인 배부름을 채울 수 있어서 허무하지 않는 것이다.

살면서 종종 허무하다고 느끼나요? 허무하지 않기 위해서 내가 할 수 있는 것은 무엇인가요?

각인

육체적인 배고픔은 허기이지만 정신적인 배고픔은 허무함이다. 정신적인 것을 밖에서 찾으려고 하니까 찾을 수 없는 것이다.

다음의 짧은 이야기는 자기 자신을 찾는 방법을 말하고 있다.

옛날에 신은 사람들을 피해서 산 속의 절벽이 가파른 곳으로 숨었다. 그러나 사람들은 그곳이 아무리 가파르고 험해도 비행기를 만들어 타고라도 기어이 찾아냈다.
그래서 신은 사람들이 찾지 못하는 바다 속 깊은 곳에 숨었다. 그래도 사람들은 잠수함을 만들어서 신을 찾아왔다.
사람들이 신을 찾지 못하는 곳은 지구상에 아무 데도 없었다. 그래서 신들은 꾀를 내어서 사람의 몸 속에 숨었다. 그랬더니 사람들은 신을 찾지 못했다.
사람들은 밖에서 신을 찾으려고 했기에 자신 안에 있는 신을 찾지 못한 것이다.

■ 허무[虛無]
나 혼자인 듯 아무것도 없이 텅 빈 것같이 세상 모든 것이 무의미하게 느껴지면서 매우 허전하고 쓸쓸하게 느끼는 삶의 무게.

내 삶을 돌아보는 시간은 언제 가져 보았나요?

── 살면서 한번쯤 마음에 새겨야 할 감정 ──────────

지금 이 순간 무엇을 해야 행복하다고 생각하나요?

● ● ●

신을 찾으려면 조용히 눈을 감고 나의 내면을 봐야 합니다. 그러면 내 안에서 신이 조용히 나에게 미소를 지으면서 맞이할 것입니다.

운명

운명은 정해져 있는 것일까?

그 답은, 정해져 있다고 믿는 사람한테만 정해져 있다.

"무슨 소리야. 운명은 내가 개척하는 거야!"

개척한다고 믿는 사람한테는 정해져 있지 않는 것이 운명이다.

사회적인 관습이나 법 때문에 어쩔 수 없는 것도 있지만 그렇다고 운명이라고 생각하지 말자. 법이 잘못되면 바꿀 수도 있는 것이 요즈음의 세상이기 때문이다.

옛날에는 운명이 정해져 있었다. 천민으로 태어났으면 죽을 때까지 천민으로 살 수밖에 없었다. 양반으로 태어났으면 죽을 때까지 양반이었다. 그러나

■ 운명[運命]
인간을 포함한 모든 것을 지배하는 보이지 않는 절대적인 힘. 절대적인 힘에 의해서 이미 정해져 있는 목숨이나 처지.

| 운명이 정해져 있다고 생각하나요? 아니면 스스로 개척한다고 생각하나요?

지금은 양반이 어디 있으며 천민이 어디 있는가?

지금 이 시대에 태어난 것을 감사히 생각하자!

운명이 정해져 있는 것이 편하다고 생각을 하면 정해져 있다고 그렇게 믿으면 된다. 그러나 내가 개척해 나가는 것이라고 생각을 한다면 그렇게 생각을 하자. 그것도 자신의 운명이다.

'그래, 운명은 정해져 있는 것이 아니라 내가 개척하는 거야!' 그렇게 마음먹고 살아가는 것도 운명이다. '그래, 내 운명은 여기까지야' 하고 사는 것도 자신의 운명이다. 그렇게 따지면 운명 아닌 것은 없다.

필자는 운명을 개척하는 것이라고 생각한다.

옛날에는 왕은 왕의 자식만이 할 수 있었다. 그때는 운명이 정해져 있었다. 소수의 사람들이 얄궂은 틀로 그렇게 만들었다. 자신의 지위를 지키기 위해서 그렇게 관습이나 법으로 만든 것이다.

그때는 절대적인 법으로 운명이 정해져 있었다. 거역하면 곧 죽음이니까….

지금은 대통령을 우리 국민들이 뽑을 수 있는 시대이다. 한 사람의 생명이라도 법이 보장하는 시대이다.

각인

운명은 변화하기 싫어하는 사람들의 주장이다.

새로운 과학이 자꾸 발전하는데 그것은 운명에도 나와 있지 않다. 그러면 과학자들은 운명을 개척하는 사람들인가?

그리고 왜 철학관에서 하는 이야기가 맞을까?

정확하게 다 들어맞는 것은 아니다. '바눔효과'라고 비슷하게 이야기하면 그것이 마치 자신의 이야기라고 사람들은 착각을 한다.

영화나 드라마를 보면서 약간 비슷하면,

"그래! 맞아, 맞아. 내 이야기야."

하며 자신의 처지를 끼워 맞추는 사람들의 심리 때문이다.

혈액형도 그렇다. 100%도 아닌데 약간 비슷하면,

"그래, 그래! 맞아, 맞아! 딱 내 이야기야."

자신을 그 4가지 혈액형에 끼워 맞추고 그대로 믿어 버린다.

운명을 믿는 사람은 그게 마음 편안하니까 그대로 믿어 버린다. 운명을 믿는 사람들의 대표적인 유형은 체념해서 편안하게 받아들이는 것이다.

포기하지 못할 때 괴롭고 힘들다. 그러나 붙잡고 노력하다가 안 될 때 "그래, 운명이야!"라고 체념하면 좀 더 마음이 편안해진다.

> 당신이 생각하는 운명을 개척하는 방법은 무엇인가요?

> 철학관이나 사주를 잘 믿는 편인가요? 얼마나 자주 가나요?

드라마를 보면 내 이야기를 하는 것 같다고 생각하나요?

에디슨은 2만 번의 실패를 또 다른 경험이라고 생각했다. 에디슨이 몇 번 실패해 보고 '그래, 운명이었어. 그만 포기하자!' 그렇게 생각하고 살았다면 좀 더 편안하게 생활을 할 수 있었을 것이다. 그랬더라면 우리는 밤에도 환한 대낮같이 밝은 전구를 보기 어려웠을지도 모른다.

운명을 거부한 과학자 때문에 우리는 밤을 낮처럼 환하게 살고 있다.

눈부신 과학의 발전은 운명 속에는 포함되어 있지 않다. 이런 눈부신 과학의 발달은 운명을 거역한 사람들의 몫이고 우리는 그것을 누리고 사는 것이다.

● ● ●

운명을 믿고 포기를 자주 하는 편인가요?

운명을 거역하는 것이 나와 주변 사람들의 더 나은 삶을 영위하기 위한 것이라면 얼마든지 거역을 하며 삽시다.

만남

만남이 있으면 반드시 이별이 있다. 이별이 없으려면 만남 자체가 없어야 한다.

이별이 두려운 사람은 만남 자체를 갖지 않으면 된다. 첫사랑이 두려운 것은 그 이별 뒤에 세상에 혼자 버려진 것처럼 느껴지는 두려움이 공존하기 때문이다.

이별이 두려워서 만남을 안 가지는 것보다는 만남을 갖되 이별 앞에 좀 더 담담함으로 초연해지는 연습을 하라! 영원히 혼자서 살 것이 아니라면 산 속에 들어가서 혼자 살지 않는 이상, 세상에 살면서 만남은 피할 수 없는 것들이다.

첫사랑의 이별에 가슴이 갈기갈기 찢어지는 것 같지만 두 번의 이별은 처음보다는 조금밖에 안 아프고 세 번의 이별은 의외로 담담하다. 네 번째 이

■만남
사람을 만나는 일.

살면서 뜻 깊은 만남은 무엇인가요?

■ 이별[離別]
만남의 끝. 만남이 서로 갈리어 떨어짐.

이별에 대처하는 자신만의 방법은 무엇인가요?

별부터는 '이 사람 말고 또 다른 만남이 더 없나' 하는 기대심리도 생기면서 즐기고 있다는 것을 느낀다. 그때부터는 점점 더 이별이 담담해진다.

잦은 만남과 이별은 우리의 감정을 점점 더 무디어지게 만든다. 이별의 시련이 주는 고통에 단련되어 더 이상 상처를 입지 않게 된다.

젊었을 때의 이별은 생채기와 아쉬움이 남지만 나이 들어서 이별은 시원섭섭함이 남는 것을 알게 된다. 그렇게 되면 오히려 젊은 날의 이별 때문에 가슴 아파서 불면의 밤을 지새우던 그 추억이 그리워진다.

그래도 나이가 들어서 좋은 점은 이별에 대한 상처를 추스를 수 있어서 좋다. 나이가 들어서 죽음 이외의 이별을 즐기고 있는 자신을 보면 좀 놀랄 것이다.

■ 천국[天國]
사람이 죽어서 갈 수 있는 최고로 좋은 조건의 나라.
모든 사람이 죽어서 꼭 가고 싶은 그곳.

● ● ●

이별은 누구에게나 오지만 사람마다 다르게 받아들입니다. 삶은 만나고 헤어짐의 연속이므로 이제는 담담하게 이별에 대처하는 방법을 익혀야 합니다.

■ 지옥[地獄]
천국과 반대되는 나라로 사람이 죽어서 가장 가기 싫은 곳. 큰 죄를 지은 사람들이 죽어서 벌 받으면서 죗값을 치르는 곳.

각인

과거

과거는 돌이킬 수 없고 미래는 아직 오지 않았다.
우리가 할 수 있는 것은 바로 지금 이 순간 현재이다.

과거는 현재의 거울이고 미래는 현재의 결과이다. 과거의 잘못된 점을 마무리 짓고 미래를 향한 주춧돌을 놓을 수 있다.

과거 없는 현재는 없고, 현재 없이는 미래도 없다.

과거는 돌이킬 수 없지만 미래는 내가 어떻게 하느냐에 따라서 바꿀 수 있다.

명심하자!

우리가 할 수 있는 것은 지금 이 순간 현재뿐이다. 더 나은 미래를 위해서는 지금 노력해야 한다.

미래에서 보면 지금도 과거이지만 그래도 지금 내가 할 수 있는 것은 지금뿐이다.

■ 과거[過去]
이미 지나간 일이나 생활. 지나간 시간.

■ 현재[現在]
지금의 시간.

■ 미래[未來]
앞으로 다가올 시간.

■ 순리[順理]
도리나 이치에 어긋남 없이 순순히 받아들임.

5장 알면 득이 되는 감정

각인

실패

세상은 성공 아니면 실패이다.

성공은 한 번에 이루어지는 것이 아니며 몇 번의 실패를 통해서 그 결실로 마침내 이루어지는 것이 성공이다.

에디슨은 실패를 두려워하지 않았다. 그의 단어에는 실패라는 말이 없었다. 성공으로 가는 또 다른 경험이 있었을 뿐이라고 생각했다.

포기하지 않으면 언젠가는 성공한다. 지금 성공하지 못하면 다음 후대에서 누군가가 성공을 하는 밑바탕이 된다. 좀 더 수월하게 성공할 수 있게 하는 주춧돌과 밑거름이 되는 것이다.

당신이 이만큼 주춧돌을 닦지 않았다면 절대 후손들의 성공이 빨리 앞당겨지지 않았을 것이다. 그런 점에서 당신의 할 일은 다 했다고 생각을 하자!

■실패[失敗]
일을 실수하거나 잘못하여 목적대로 되지 아니하거나 그르침. 성공하지 못한 것.

■성공[成功]
목적하는 바를 이룸. 마음먹은 대로 이룸.

몇 번 시도해 보고 포기를 하는 편인가요?

― 살면서 한번쯤 마음에 새겨야 할 감정 ―

당신은 성공하기 위해서 노력하나요? 실패하지 않기 위해서 노력하나요?	실패가 아니라 성공으로 가는 단계를 몇 단계 줄여 준 셈이다. 인류에게 더 빨리 문명의 혜택을 누리게 한 것으로 만족해야 한다.

― 각인 ―

비교

요즈음 현대인들은 나와 주변 사람을 비교해서 불행해지기도 하고, 비교해서 행복해지기도 한다. 바꾸어 말하면 불행해지는 것도 행복해지는 것도 내가 선택을 할 수 있는 것이다.

그런데도 자신이 불행하다고 생각하는 사람은 정말 불쌍한 사람이다. 행복할 수도 있는데 굳이 불행한 길을 택하는 사람의 마음을 알 수 없을 때도 있다.

행복은 너무 쉽다. 나보다 좀 못살고 나보다 좀 불행한 사람을 비교해 보면 된다. 죽고 싶을 만큼 불행하다는 생각이 들 때 병원에 가 보라! 당신은 행복한 사람이다.

행복 지수 1위인 나라는 미국이 아니었다. 복지시설도 잘 안 된 '바투아누'라는 듣지도 보지도 못한 나라였다.

■비교[比較]
둘 이상을 견주어 서로 간의 유사점, 차이점을 이야기하거나 생각하는 것.

지금 당신의 비교 대상은 누구인가요?

성공한 사람 중에서 비교의 대상은 누구인가요?	바투아누 사람들은 세상에서 가장 행복한 사람들이다. 많이 가진 것도 아니다. 우리나라의 70년대보다 더 어렵다. 그런데도 그들은 세상에서 가장 행복하다고 스스로 생각한다. 미래에 대한 걱정은 가끔씩 누구인가가 한다고 한다. 그런데 자신은 미래에 대한 걱정을 하지는 않는다고 했다. 먹을 것이 없으면 헤엄쳐서 물고기를 잡으면 되고 배부르면 다음 끼니를 걱정하는 것이 아니라 '지금 이 순간 행복하다'고 생각한다. 우리는 내일은 또 뭘 먹지 하고 고민하는데 그들은 오늘 배부르니 행복하다고 생각한다. 우리는 계속 고민하는데 그들은 고민을 중단시킨다.
실패한 사람 중에서 비교의 대상은 누구인가요?	

절대

'절대'라는 말은 하지 말자. 절대라는 것은 절대로 하면 안 되는 말이다.

세상을 살면서 나만 잘 한다고 되는 것도 아니다. 나 혼자만 살면 몰라도 세상 사람들과 살면서 원하든 원하지 않든 절대라는 말은 쓰지 말자.

절대라고 이야기하면 사람들이 그 절대의 오만함을 깨뜨릴 의도를 가지고 당신을 시험하는 함정을 파는 것을 알고 있는가?

곰곰이 생각해 보면, 절대 안 한다고 다짐했던 것을 주변에서 깨뜨리는 경우가 허다하다.

술이나 담배를 안 하려고 할 때 주변에서 얼마나 유혹했던가?

"이번만 하고 끊겠어. 절대로!"

다짐하듯이 계속 되뇌면서 주변 사람들로부터 자

■ 절대[絕對]
아무런 조건이나 제약이 붙지 아니함. 각서나 다짐을 할 때 쐐기를 박듯이 확신을 가지고 하는 말.

| 살면서 한번쯤 마음에 새겨야 할 감정

하루 중에 절대라는 말을 얼마나 자주 쓰나요?

신을 한 번 더 다독이려는 심정은 안다. 그러면서 그 범위 내에서 벗어나지 않게 지키려고 스스로 다짐하는 것은 잘 알겠지만 주변 사람은 '절대'라는 말을 얄밉게 생각한다.

평범한 우리들이 절대 이루지 못하는 것을 어떤 사람은 성공하려 드니까 시기하고 질투하는 사람이 이것을 보고 '자기 혼자만 고고한 척 한다'고 생각을 하게 된다. 그래서 시기하는 사람들과 똑같은 색깔의 옷을 입히고 싶어서 함정을 파게 되는 것이다.

'절대'라고 주변 사람에게 공포하는 순간부터 그것을 지켜내려고 많은 노력을 하면서 그 약속에 온 신경을 써야 한다는 것을 알고 있는가?

약속은 얼마나 자주 남발하나요?

진정으로 의지가 강한 사람은 남이 알아주기를 바라지 않고 묵묵히 자신과의 약속을 지켜낸다. 남 앞에 자신과의 약속을 이야기하는 사람은 자신을 알아주기를 바라는 사람이거나 의지가 약해서 남 앞에 떠벌리고 나서 안 지키면 신용이 없는 사람이 될까 봐서 떠밀려서 약속을 억지로 지키는 사람으로 전락할 수도 있다.

왜 그렇게 절대라는 말이 많이 있는가? 말끝마다 절대라는 말이 너무 많이 들어가면 '저 사람 웃기는 사람이야!'라고 생각할 것이다.

각인

세상일은 알다가도 몰라서 내가 절대로 하지 말아야 하는 것이 종종 시험으로 다가오는 경우가 대부분이다.

자신의 발목에 '절대 족쇄'를 채우고 절대라는 말뚝을 박아서 그렇게 자신을 힘들게 구속하면서 살아야 하는가?

사람들은 '절대'라는 말을 조심스럽게 써야 한다는 것을 일깨워 주기 위해서 시험을 계속하게 된다. 절대라는 자만심을 일깨워 주는 것도 주변 사람들이 해야 할 과제이다.

그런 과제를 주고 싶다면 절대라는 말을 써라. 그리고 주변 사람들로부터 배신에 고통도 느껴 보아라.

절대라는 말을 쓰는 순간부터 주변 사람들은 당신을 절대의 자만의 늪에서 헤어나게 하려고 각본을 짜서 당신에게 배신의 함정을 파게 만들 것이다.

인간은 절대자에게까지 도전하는 종족이다. 그런데 절대라고 말하는 당신쯤이야 가뿐하게 시험에 들게 할 수 있다.

시험에 들고 싶은가? 그러면 절대라는 말을 써라.

남들에게 공약을 해서 낭패를 봤던 일은 무엇인가요?

절대 하지 말아야 할 것이 있다면 무엇인가요?

남이 나를 알아주기를 바라는 마음은 얼마나 되나요?

___ 살면서 한번쯤 마음에 새겨야 할 감정 ___

자랑

■ 자랑
남에게 칭찬을 받을
생각으로 알리기 위
해서 말함.

    본인은 아니라고 하지만 이미 자랑한다는 자체부터가 남에게 칭찬받으려는 그런 마음이 밑바탕에 깔려 있다.
    자신을 너무 자랑하지 마라.
    세상에는 당신이 잘 된 것을 진심으로 축하해 주는 사람보다 당신이 잘 된 것에 배 아파하고 마음속으로 저주를 퍼붓는 속 좁은 사람이 더 많다는 사실을 알아야 한다.
    자신을 자랑하는 순간,
    '그래, 그게 어디까지 가나 보자.'
    '그래, 네 자식 어디까지 가나 보자.'

    자랑이라는 것이 대부분 그렇지 않은가?
    남보다 뛰어나다는 것은 항상 둔탁한 망치와 뾰족

각인

한 정을 맞게 되어 있다. 벼락도 남보다 더 높은 위치에 있을 때 벼락을 맞을 확률이 더 높은 것이다.

기쁘더라도 속으로 간직해라. 정히 기쁘면 주변 사람을 불러 모아 조용히 베풀어라! 맛있는 음식으로 대접을 하라.

내 자식을 자랑하는 것은 내 자식을 관심의 표적이 되게 하는 것이다. 내 자식이 겸손하고 행실이 바르면 괜찮지만 내 자식이 공부만 잘 하고 오만하다면 행여 주변 사람들과 문제가 생길 경우, 오히려 나락으로 떨어뜨리게 될 수도 있다.

"공부만 잘 하더라. 저러지는 말아야지."

자랑을 안 했으면 욕먹을 일이 없거나 적은데 자랑을 하는 바람에 사람들이 욕을 할 때는 '기회는 이때다' 싶어서 생매장시키는 경우가 있다.

연예인들이 안 좋은 소문이 나면서 생매장을 당하는 경우가 많이 있지 않은가?

조심하고 또 경계하라!

자랑하면 한 만큼 사람들이 바닥으로 떨어지기를 기다리는 속 좁은 사람들이 더 많이 있다. 자랑을 안 했으면 오히려 측은한 마음으로 "살다 보면 그럴 수도 있지"라고 할 텐데, 부모의 입이 근질거려 자

주변에서 자랑을 많이 해서 꼴 보기 싫은 사람은 누구인가요?

하루에 자랑을 얼마나 많이 하나요?

| 살면서 한번쯤 마음에 새겨야 할 감정

꼭 경계해야 할 자랑은 무엇이라고 생각하나요?

랑을 하다 보면 부담감 때문에 자식의 앞날을 망칠 수도 있음을 명심하라! 공부도 잘 하고 인간성까지 좋기는 어려운 일이다.

그러므로 자식으로 인해서 부모의 발등이 찍히지 않으려면 인성공부를 시켜야 한다. 공부 때문에 "오냐오냐, 공부만 잘 하면 된다"고 한 부모들은 나중에 자식들 때문에 부모들 고생길이 훤하게 보인다.

'비록 공부는 못하더라도 자신의 인생은 자신이 책임져야 한다'는 인성공부를 시킨 부모들은 자식이 커서 부모님 고생은 안 시킨다.

다 키워 놓고도 공부밖에 할 줄 모르는 인간성이 안 좋은 자식은 사회에서 함께 어울리는 인간성을 배우지 못해서 사회에 적응하지 못해서 소외당한다면 그건 부모님의 책임이다.

성인이 된 자식을 부모가 다 책임져야 한다면 그건 또 무슨 크나큰 걱정거리인가?

각인

욕

욕하는 사람을 경계하라!

다른 곳에 가서 내 욕을 할까 두렵다.

욕을 하는 사람들은 그 순간은 자신보다 잘난 사람이 없다고 착각하지만 주위 사람이 당신을 경계한다는 사실을 모른다면 어리석은 사람이다.

욕을 하되 그 사람 자체를 욕하지 말고 그 사람의 잘못된 행위를 욕하라! 욕을 즐기는 수준으로 끝나면 그 사람하고 뭐가 다르겠는가?

욕을 하되 그 사람의 행위를 본받지 말자고 다짐한다면 정말 좋은 욕이고 욕먹은 그 사람의 희생을 욕되게 하지 않는 것이다.

- 욕[辱]
남을 비하하면서 깔보듯이 듣기 싫은 소리를 하는 것.

- 욕설
남의 인격을 무시하는 말.
또는 저주하는 말.

하루에 욕은 몇 번이나 하나요?

살면서 한번쯤 마음에 새겨야 할 감정

첫인상

■ 첫인상[-印象]
첫눈에 느껴지고 판단되어지는 인상.

■ 인상[人相]
사람 얼굴의 생김새와 모양새.

첫인상에 모든 것을 거는 사람들이 있다.

첫인상이 좋았다고 해서 끝까지 좋은 사람은 없다. 그 첫인상의 이미지를 계속해서 유지하면서 실망을 안겨 주지 않기 위해 피나는 노력을 게을리 하지 않는다는 것을 안다면 첫인상 좋은 것이 꼭 그렇게 좋은 것만은 아니다.

첫인상이 좋았던 관계로 잘 하면 본전이고 조금만 기대에 못 미치면 첫인상의 이미지는 바로 추락하게 되는 것이다.

첫인상이 좋은 사람은 잘 하면 당연한 것이다.

"내가 사람을 잘 봤네. 그럴 줄 알았어."

그러나 반면에 첫인상이 별로였던 사람이 잘 하면 의외로 다시 보게 하는 좋은 계기가 되는 것이다. 첫인상은 별로였지만 하는 행동이 마음에 들고

각인

마음씀씀이가 좋으면 오히려 첫인상이 좋은 것보다 더 좋은 것이다.

첫인상은 대부분 얼굴에서 오는 거지만 끝인상은 마음씀씀이에서 오는 것이다. 첫인상이 좋은 사람보다는 끝인상 좋은 사람이 되는 것이 훨씬 더 좋다.

상대방을 얼마나 배려하느냐에 따라서 당신의 끝인상은 내내 여운으로 남을 것이다.

결국 결혼하는 사람들의 배우자는 첫인상보다는 끝인상이 좋은 사람이더라!

첫인상이 좋아지기 위해서 당신은 어떻게 노력하나요?

끝인상에 여운을 남기는 당신의 노하우는 무엇인가요?

살면서 한번쯤 마음에 새겨야 할 감정

성격

■성격[性格]
타고난 것과 살아가면서 습득하는 각 개인이 가진 남과 다른 자신만의 행동 양식이나 품성.
타고나는 것보다 환경이나 부모로부터 보고 듣는 교육이 더 많은 비중을 차지한다.

주변에서 평가하는 당신의 성격은 몇 점 정도인가요?

사람의 성격은 어떻게 형성되는가?

성격은 부모로부터 타고나는 것보다 부모의 교육, 자라온 환경에 영향을 받아 형성된다. 보고 듣고 배운 것이 대부분 성격으로 형성된다.

"어떻게 하는 짓마다 제 아버지를 닮았을까?"

그런 식으로 자식의 인성교육의 책임을 떠넘기고 포기하지 말아라.

제 아버지처럼 해도 어쩔 수 없다는 것 아닌가? 제 아버지가 성격이 저러니 운명이다, 팔자다, 그렇게 알고 살아라! 그러면 그 아이는 그 아버지처럼 남들에게 손가락질을 받고 살아야 한다는 것인가?

그러려고 자식을 낳은 것은 아닐 것이다. 아버지의 그 안 좋은 성격 때문에 남들한테 손가락질을 당했다면 아버지처럼 살지 않도록 해야 한다.

각인

아버지의 성격을 타고난 것보다 아버지의 성격을 보고 자라다 보니까 아버지처럼 행동했을 때 어머니가 "제 아버지 닮아서 그런 것을, 핏줄이 어디 가겠어" 하고 용서하니까 자식은 '아, 그래도 되는가? 아버지처럼 해도 되는구나. 그리고 아버지를 닮아서 그런 것을 나보고 어쩌란 말인가?' 하고 잘못된 성격을 고치기보다 부모님 탓으로 포기하게 된다.

아버지 성격을 본받음으로써 결과가 안 좋아질 것이 뻔하다면 부모가 바로잡아야 한다.

타고난 성격보다 보고 자라면서 만들어진 성격이 대부분이다.

성격은 변하는가?

충격을 받고 교육을 받으면 변하는 것이 성격이다.

> 성격을 좋게 하기 위해서 당신이 노력하는 것은 무엇인가요?

● ● ●

보고 자란 것이 교육의 힘이라면 바로 보고 아닌 것을 잡아 주는 것도 교육입니다. 성격은 부모들이 만들어 주는 인성교육인 것입니다.

> 이것만은 고쳤으면 하는 성격이 있다면 무엇인가요?

― 살면서 한번쯤 마음에 새겨야 할 감정 ―

고통

■ 고통[苦痛]
몸이나 마음에 느껴지는 괴롭거나 아픈 감정.

고통은 우리를 제어하는 힘이다. 고통이 없으면 브레이크 없이 마구 질주하게 될 것이다. 그래서 우리에게는 양심이라는 브레이크를 주어서 육체적인 고통이 아니라 마음의 고통을 느끼게 하면서 스스로 통제하고 자제를 하게 된다.

상처 입은 영혼은 상처가 아물면서 상대방의 상처를 더 많이 이해하게 되는 것이다. 상처를 안 입고 살면 좋지만 살다 보면 누구나 다 상처를 입게 되어 있다.

첫사랑에서 오는 상처, 이별에서 오는 상처, 배신에서 오는 상처, 다른 사람이 생각 없이 내뱉는 말에서 오는 상처.

■ 상처[傷處]
몸을 다쳐서 부상을 입은 흔적이나 부위.

상처는 언제인가는 아물게 되는 것이다.

인간의 생로병사 과정에서 누구나 기쁨과 고통을

각인

느끼게 되어 있다.

   지금의 상처를 잘 기억하라!

   나중에 자살까지 생각한 사람을 살릴 수 있는 것은 그보다 더 깊은 상처를 입은 사람의 경험담만이 가능하다.

   사람들은 누구라도 예외없이 내 발등의 불똥이 최고로 뜨겁다고 생각한다. 그러나 내 발등에 불똥보다 더 뜨거운 화상을 입은 사람을 만나게 되면 '나 혼자만 그런 것이 아니구나' 하고 안도의 한숨을 내쉬게 된다. 그리고 '나는 아무것도 아니야' 하는 용기가 들면서 자신의 상처는 잊고 상대방의 상처를 다독여 주려고 하는 마음이 생기게 된다. 생각의 넓이가 커지게 된다.

● ● ●

지금의 상처는 다른 사람의 상처를 빨리 아물게 해 주는 마음의 처방전이 될 수 있습니다.
남의 마음에 상처를 입히지 말아야 합니다. 나중에 나에게 피눈물을 흘리게 하는 복수의 칼날이 되어서 돌아올 수도 있는 것입니다.

치유되었으면 하는 고통이 있다면 무엇인가요?

고통에 대처하는 당신만의 방법이 있다면 무엇인가요?

나의 콤플렉스나 고통으로 상대방의 고통을 덜어 준 기억은 무엇인가요?

살면서 한번쯤 마음에 새겨야 할 감정

슬픔

■슬픔
눈물이 나올 것 같은 슬픈 마음이나 느낌.

당신의 인생을 소설로 표현하자면 비련의 주인공인가요, 아니면 명랑만화의 주인공인가요?

마음의 고통은 슬픔이다.
마음의 눈물은 슬픔이다.
아픈 만큼 성숙해지는 진실을 깨닫게 해준다.
사람은 누구나 피해갈 수 없는 고통이 있다.
나 혼자만 겪는 이별도 아니고, 나 혼자만 겪는 배신도 아니고, 살면서 모두 다 겪지만 나한테만 유독 매정하고도 처절하게 다가오는 것처럼 느껴진다.
영화배우들은 대역을 해주는 스턴트맨들이 있지만 나의 인생은 대역 없이 나 혼자 겪어야 하는 것이기에 그런 것이다. 내 인생의 주인공은 바로 나이기 때문이다.
대역 없이 고통을 고스란히 나 혼자 다 받아들여야 하기에 고통은 그렇게 처절하게 나를 유린한다.
나이 많은 분들은 내가 겪은 것을 이미 먼저 겪은

--- 각인 ---

분들이다.

  자식을 가슴 속에 묻고 남편을 무덤에 묻고도 살아가는 힘은 있다. 모진 목숨을 스스로 끊지 못하니까 살아 있는 것이다. 살아가다 보면 세월이 흘러 희미해지거나 망각하거나 아니면 극복하는 방법도 알게 된다.

  아무리 슬퍼도 살아가다 보면 또 그렇게 살아진다.

> 지우고 싶은 슬픔이 있다면 무엇인가요?

인정

■ 존경[尊敬]
남의 철학, 사상, 인격, 행위 따위를 받들어 높이고 공경함.

■ 존중[尊重]
상대방을 높이어 귀하게 대하는 마음.

■ 무시[無視]
사람을 깔보거나 업신여겨서 소외감을 느끼거나 자존심 상하게 하는 마음이 들도록 하는 것.

남자는 자신을 인정해 주는 사람을 위해서 목숨을 건다. 여자는 자신을 사랑해 주는 사람을 위해서 화장을 한다.

사람은 누구나 관심을 받고 싶어한다. 아이는 부모에게, 부모는 자녀에게, 부인은 남편에게, 직원은 직장상사에게….

자신에게 아무런 관심이 없는 것을 무관심이라고 한다. 그러나 무관심은 차라리 낫다. 무시는 무관심보다 독하고 진하다. 사람을 업신여기고 깔보는 것을 느끼게 해 주는 것이다. 어쩌면 한 사람을 파멸에 이르게 하는 것일 수도 있다.

무시당하는 사람을 잘 거두면 평생 충성하는 내 사람이 될 수 있다. 무시당하는 사람은 뭔가 조금 부족한 사람이다. 그래서 자신을 인정해 주는 사람을 못 만나서 항상 불만인 사람이다.

  너무 뛰어나면 여기저기서 탐내는 사람이 많다. 그런 사람을 친구로 두면 다행일지 모르지만 너무 바빠서 내 사람은 될 수 없다.

  어느 조직이든 보스가 부하들을 인정해 주면 충성하며 따른다. 충성하는 사람을 보면 보스가 인정해 주는 사람이다.

  배신하는 사람을 보면 이미 보스의 눈 밖에 난 사람이다. 인정을 받지 못하는 사람이 꼭 배신을 한다. 그러므로 사람들을 무시하지 마라! 사람들을 무시하는 순간 당신은 저주의 표적이 된다.

  또한 한 사람을 두고 많은 사람들이 무시하고 왕따를 만들지 마라! 그러고도 앞날이 잘되기를 바란다면 하늘은 절대 용납하지 않는다. 철없던 그 시절에 한 장난이 당신을 두고두고 용서하지 않을 것이다. 아마도 양심의 고통을 느끼지 못한다면 당신은 양심을 버리고 악마와 손을 잡았다고 보면 될 것이다.

  무시당할 행동이라 할지라도 그의 행동을 무시하는 것은 몰라도 사람 자체를 무시하지 마라.

  무시를 넘어선 괴롭힘, 학교에서 잘 나가는 사람, 일진회들….

■ 관심[關心]
마음이 끌리어 머무는 것.

■ 무관심[無關心]
관심이나 흥미가 없거나 사라지는 것.

상대방을 불쌍하게 여기는 마음은 어느 정도인가요?

격려는 일주일에 몇 번 정도 하나요?

불쌍하지 않은가?

당장은 잘 나가는 것 같지만 운명은 정해진 것 아닌가? 싸움 잘 하면 싸움으로 인정받는 세계가 주먹세계 아닌가?

주먹으로 인정받는 순간 그들의 운명은 정해져 있다. 그리고 주변의 여건들이 계속해서 싸움질을 하게 만든다.

남을 괴롭히고 앞날이 얼마나 잘 될 것인가?

냉정하게 따져서 주변에서 인정받고 있나요?

감사함은 나에게 복을 주지만 상대방의 저주는 나의 앞날은 물론이고 나의 사후 세계는 지옥으로 가는 티켓을 예약해 주는 것이다.

주먹으로 일어났으니까 당연히 주먹 세계에서 주먹으로 망하게 되어 있다. 지금 이 순간 폭력으로 처참하게 만들 수 있는 힘을 자랑하지 말아라! 지금 주먹으로 폭력을 쓰면 감옥이 종착지임을 명심하라!

양심이 있다면 양심의 괴롭힘을 당하게 될 것이고 양심에서 울리는 경고를 무시하면 죽어서 지옥에 가게 되는 것은 어쩔 수 없는 법칙이다. 상대방을 괴롭혔으니까 이제는 당신도 그 괴롭힘의 수백 배나 힘든 고통을 겪어야 한다.

무시하는 대상은 있나요?

사람을 괴롭히지 마라!

자신이 즐겁자고 다른 사람은 하루에도 몇 번이나

각인

죽고 싶은 감정까지 느끼도록 만드는데 어찌 저주가 당신을 향하지 않을 것인가? 만약에 괴롭힘을 당한 애가 죽으면 당신은 어디서 용서를 구할 것인가?

당신의 양심은 평생 동안 자신을 괴롭힐 것이다. 용서를 대신해 줄 사람은 어디에도 없으니까….

주변으로부터 인정받기 위해서 노력하는 것은 무엇인가요?

살면서 한번쯤 마음에 새겨야 할 감정

젊음

■나이
살아온 햇수.
태어나서 달력이 넘어간 햇수.

■젊음
생기가 있는 젊은 상태.

■늙다
나이를 많이 먹어 생기를 잃고 기력이 쇠퇴해지는 상태.

한때여라!

가지 않을 것 같던 젊음도 한때여라!
오지 않을 것 같던 백발의 희끗함도 한때여라!

이대로 멈추었으면 하는 행복도 한때여라!
절대 가까이 함께 하고 싶지 않던 불행도 한때여라!

한때여라!

그러니 남을 해코지하지 말고
남의 눈에 피눈물 나게 하지 말고
남을 안 좋게 험담하지 말지니

각인

눈 감으면 저승이고
눈 뜨면 이승인 것을
밤마다 죽음 같은 잠을 자고
아침마다 새로운 탄생처럼 죽음 같은 잠에서 깨어나니

날마다 반복되는 하루를 가다 보면
머~언 훗날
지금 과거를 돌아보면 모든 것이 한때여라.

과거는 돌이킬 수 없고
현재는 과거의 발판 위에 서 있으며
미래는 나의 하고자 하는 열정으로 열어갈 수 있으니
후회 없이 살도록 하소서!

모든 것은 한때여라!

당신은 어떻게 늙고 싶나요?

살면서 한번쯤 마음에 새겨야 할 감정

기회

■ 기회[機會]
어떠한 일을 하는 데 적절한 때가 오는 것.

인생에 기회가 과연 몇 번이나 찾아올까?
일생에 한 번도 찾아오지 않는 사람도 있다.
기회가 찾아와도 잡을 수 없는 사람도 있다.
기회가 찾아와도 잡지 못하는 사람은 평소에 준비를 하지 않은 사람이다.
기회는 준비된 자의 것이다.

● ● ●

기회가 내 앞에 왔을 때 그것을 잡을 수 있는 준비는 되었나요?

기회가 오기를 원한다면 준비하십시오!
기회는 준비된 자의 몫입니다.

행운

행운의 기회가 찾아와도
역시 기회는 준비된 자의 몫이다.
행운이라 하지만 사실은 행운이 아니다.
평소 준비해 왔고 그것을 잡은 것뿐이다.
행운은 준비된 자의 몫이다.

■행운[幸運]
좋은 운수나 때.

인생에서 나의 행운은 무엇인가요?

── 살면서 한번쯤 마음에 새겨야 할 감정 ──

벗어남

■ 번뇌[煩惱]
마음이 욕심에 시달려서 괴로움을 느낌.

왜 벗어나야 하는가?
괴롭기 때문이다.
왜 괴로운가?
욕심의 무게가 너무 무거워서 마음이 괴로운 것이다.
짊어져야 할 부담감이 너무 크고 많다. 그렇게 갈구했던 명예나 부가 남이 보기에는 좋았는데 남에게 명예롭게 보이려면 얼마나 많은 날들을 노력해야 하는가?
공인이 되어서 좋은 것은 부와 명예가 따르지만 잃어버린 것은 사람들의 시선 때문에 마음대로 할 수 없는 개인적인 삶의 박탈일 것이다.
행여 누가 보지는 않을까 염려하면서, 나 자신을 위해 살아야 하는데 남 때문에 사는 사람이 되는 것

각인

은 아닐까?

  사람들에게 인지도가 높아지는 만큼 책임감은 소리 없는 구속이 된다.

  사람들은 자신이 만든 세계에서 자신이 책임지면서 자신의 틀을 만들면서 살아가게 된다. 그런 생활이 편안하면 다행이지만 처음에는 부와 명예가 따라서 편안하다가도 나중에는 나를 짓누르는 더 힘든 구속으로 다가올 수도 있다.

  지금의 연예인들을 보아라!

  일단은 부를 얻고 사람들에게 인정을 받는 순간부터 개인적인 시간은 거의 없고 개인적인 삶도 없다. 일단은 공개되면 좋든 싫든 어쩔 수 없다. 다시 시간을 돌렸으면 하는 사람도 있을 것이다.

  일 년에 수백 명의 연예인들이 배출되지만 다들 어디로 갔는가? 사람들의 시선을 피해서 기억 속에 사라진 사람들이 더 많다. 남이 보기에 좋을 뿐 나한테는 불편한 옷을 억지로 껴입고 생활을 하게 된다. 주변의 눈이라는 구속의 옷을….

  사람과 함께 살면서 완전히 해탈하고 벗어나기는 어렵다. 그러려고 아무도 없는 곳에서 혼자 생활을

내 어깨에서 벗어던지고 싶은 것이 있다면 무엇인가요?

지금 있는 곳이 내 자리가 아니라고 생각을 한다면 어떻게 해야 할까요?

연예인이 되어서 안 좋은 점은 무엇이 있을까요?

■ 해탈[解脫]
괴로움이나 얽매임에서 벗어남.

해도 마찬가지로 벗어난 것은 아니다.

산 속에 있으면 다람쥐가 괴롭힐 것인가? 토끼가 마음고생을 시킬 것인가?

아니다. 나를 괴롭히는 존재가 없어서 마음은 편안하지만 마음이 편안하다고 해서 해탈한 것으로 착각하면 안 된다. 몸만 벗어났다고 해서 벗어난 것은 아니다. 마음이 벗어나야 완전히 벗어난 것이다.

살면서 하나하나 정리해야 한다. 내 마음에서 일어나는 삶과 죽음에 대한 정리, 마음에서 오는 동요의 정리 등을 단단하게 마무리를 지어야 다시는 나를 괴롭히지 않는다.

머리가 아플 때 두통약을 먹듯이, 소화가 안 될 때 소화제를 찾듯이 하나하나 마음의 정리가 되어야 더 이상 고통에서 헤매지 않는다.

■ 초월[超越]
어떠한 한계나 경계를 뛰어넘음.

마음이 편안한 것을 찾아야 한다. 마음이 시키는 대로 해야 편안하다. 비록 몸은 피곤하고 괴롭지만 마음이 시키는 것을 하면 마음이 편안하다.

그러나 마음이 시키는 대로 하면 육체가 피로할 수 있으니까 적당히 타협을 해야 한다. 안 그러면 마음은 죽을 때까지 봉사를 하라고 시킨다.

여유

사람은 여유가 있어야 한다.

여유가 없는 사람은 아무리 가져도 끝이 없다. 부족해서가 아니다. 마음의 여유가 없어서이다.

처음에는 돈이 꼭 필요해서 버는 줄로 알았는데 나중에는 필요에 의해서가 아니라 돈이 좋아서 돈의 노예가 되어서 삶의 여유가 없어진 사람도 더러 있다.

처음에는 자식이나 가정을 위해서 돈이 필요했던 것이 사실이지만 시간이 흐르면서 처음의 마음이 점점 퇴색되어 간다.

초심은 항상 그렇게 변화되어 가는 것이다.

■여유[餘裕]
느긋하고 차분한 마음 상태.

당신의 여유 점수는 몇 점인가요?

여유 있게 하기 위해서 노력하는 것은 무엇인가요?

살면서 한번쯤 마음에 새겨야 할 감정

돈

■ 돈
사물의 가치를 측정하는 단위.
얻고자 하는 것을 얻을 수 있게 교환할 수 있는 가치단위.

돈은 삶을 영위하기 위해서 꼭 필요하다. 그리고 행복을 위해서도 돈은 필요하다.

돈이 행복을 지키는 수단이 되면 괜찮은데 돈이 행복을 측정하는 단위가 되어서는 안 된다. 돈이 목표가 되면 안 되는 것이다.

물론 돈이 쌓일수록 행복하면 좋겠지만 돈은 점점 쌓여 가는데도 마음이 허전하고 채워지지 않는다면, 그리고 물질이 풍요로워질수록 마음에서 오는 공허가 더 커진다면 행복은 돈에서 오는 것이 아니다. 벌면 벌수록 더 공허하다면 마음을 돌아볼 때가 된 것이다.

당신이 만족할 수 있는 돈은 얼마 정도인가요?

돈은 꼭 있어야 하지만 주변 사람에게 손가락질을 당하면서 돈을 모은들 무슨 소용이 있겠는가?

돈을 모았지만 그 돈이 어떤 사람을 사기를 쳐서

― 각인 ―

혹은 내 양심을 팔아서 모은 돈이라면 지금 내 육신은 배부르지만 내 영혼은 배가 고플 것이다.

돈을 물려받은 자식은 부모를 돈으로밖에 보지 않아서 나중에 돈 때문에 큰 고통을 받을 수도 있다.
평생 자식의 손에 돈을 쥐어 줄 것인가?
평생 자식의 뒷바라지만 하고 살 것인가?
자식을 위해서 돈을 벌었는가?
자신을 위해서 돈을 벌었는가?
자식이 배신하지 않도록 하려면 돈보다는 인성교육을 먼저 시켜야 한다. 돈을 물려주기보다는 돈을 스스로 벌어 독립할 수 있는 인성교육을 시켜야 한다.

> 돈이 곧 행복이라고 생각하나요? 아니라면 당신의 돈에 대한 가치관은 무엇인가요?

— 살면서 한번쯤 마음에 새겨야 할 감정 —

안 돼

자식에게 '그것만은 절대 안 돼'라고 말하는 것이 있다면 무엇인가요?

아닐 때는 아니라고 분명하게 말하라!
자식에게 안 된다고 말하면 상처를 입히는 것이 아닌가? 하고 무조건 다 들어주려고 하지 마라! 세상은 안 되는 것이 훨씬 더 많이 있고 그 가혹한 냉정함에 부모들도 치를 떨게 만든다.

집에서 안 되는 것이 있다는 것을 먼저 교육으로 깨닫게 해야 한다. 아닌 것은 아닌 것이다. 남들이라고 아닌 것을 맞다고 봐주지는 않는다.

자식에게 인성교육을 하고 있나요?

엄격하게 인성교육을 받은 자식들은 사회에서 칭찬은 받지 못하더라도 손가락질은 당하지 않는다. 집에서 규칙을 지키는 것도 실천해야 사회에서도 규칙을 지킬 수 있는 것이다.

무조건 안 되는 것이 아니라 왜 안 되는 것인지

각인

가르쳐 주어라! 그리고 애들은 부모의 행동을 지켜보면서 자라기 때문에 부모가 말만 하고 지키지 않는 것은 애들에게 거짓말을 하라고 가르침을 주는 것이다.

집에서 '안 돼' 하는 것에 익숙해지도록 예방주사를 먼저 놓아야 한다. 사회에서 '안 돼' 하는 것은 가혹하고 너무 냉정하기 때문이다.

세상에서는 '안 돼'라고만 한다. 그러나 집에서는 왜 안 되는지를 찬찬히 가르쳐 주면서 교육해야 한다.

'안 돼'라는 말에 상처 입을 어린 영혼 때문에 안타까운 마음에서 주저해서는 안 된다. 처음 한 번의 '안 돼'에 상처를 받을 수도 있겠지만 세상에서 입을 '안 돼'의 상처와는 비교되지 않을 정도로 훨씬 작다.

가정은 사회의 축소판이다.

세상이 오냐오냐 해 주면 얼마나 좋겠는가? 그러나 세상은 '안 돼, 안 돼'만 되풀이한다. 그리고 왜 안 되는지도 말해 주지 않는다.

또한 부모가 '안 돼'라고 했을 때, 왜 안 되는지도 아이들이 스스로 생각할 수 있도록 부모는 아이들에게 판단하는 힘을 길러 주어야 한다.

남을 손가락질하면서 내 자식을 눈감아 주었던 적은 몇 번이나 있나요?

왜 안 되는지 같이 생각해 보았나요?

— 살면서 한번쯤 마음에 새겨야 할 감정 —

집안의 규칙은 자신부터 잘 지키고 있나요?

　세상은 '안 돼'만 하고 제지할 뿐 왜 안 되는지 가르쳐 주는 사람은 거의 없다. 왜냐하면 경쟁 상대가 득실거리기 때문이다.

●●●

　무조건 안 되는 것은 없으므로 왜 안 되는지를 가르쳐 주어야 합니다. 납득할 아무런 이유도 없이 무조건 안 된다는 것은 반항심을 길러 주게 됩니다.

겸손

겸손은 자랑과 반대되는 것으로 자신을 지키는 방어수단이다.

자신을 지키는 방어수단 중에는 덕, 봉사, 배려, 희생 등 여러 가지가 있지만 겸손은 남에게 베풀지 않고 자신을 지키는 방어수단이므로 항상 겸손하라.

겸손하지 않을 때 시기와 질투는 쏟아진다. 이것은 겸손으로 잠재울 수도 있을 것이다.

■ 겸손[謙遜]
자신을 높이어 내세우지 않는 태도. 자신을 상대방보다 낮추는 태도.

겸손하기 위해서 하는 나의 노력은 무엇인가요?